J 人物誌

後藤新平傳

外交與卓見

北岡伸一／著
魏建雄／譯

臺灣商務印書館發行

目次

前言……i
序章 醫學及衛生……1
一 青年時期 2
成長階段 修習醫學 名古屋時期
二 衛生局時期 15
進入衛生局 《國家衛生原理》 留學德國
衛生局長時期 相馬事件 臨時陸軍檢疫部
再任衛生局長

第一章　台灣民政長官……33

一　統治台灣的基礎　34

就任民政長官　初期經營台灣的窒礙難行

對自治、慣習的尊重—「生物學原理」

台灣舊慣調查事業　確保治安—游擊隊招降策略

鴉片漸禁政策　土地調查事業

二　台灣的「文明化」　47

建設交通網　充實衛生設備　扶植產業

台灣的文明化　後藤新平的政治手法　後藤新平的性格

三　清廷與美國　61

和清廷的關係　帝國主義的美國

後藤新平與老羅斯福　日俄戰爭

第二章　滿洲鐵路總裁……73
一　就任總裁　74
日俄戰爭後的政治狀況　滿洲鐵路的起源　就任總裁
滿鐵的成立
二　初期經營方針—大連中心主義及文飾的武備　88
大連中心主義　文飾的武備
三　圍繞滿鐵問題的國際關係　100
新舊大陸對峙論　對清政策　對俄政策
對美政策　後藤新平與原敬

第三章　官僚政治與政黨政治……115

一　第二次桂太郎內閣時代　116

遞信大臣　鐵道院總裁　圍繞滿鐵的各種問題

二　在野時代　130

國際環境及日本國內政治　中國革命與訪問俄國

三　大正政變及桂太郎新黨　137

大正政變　同志會的成立及脫黨　山本權兵衛內閣

大隈重信內閣的成立及東洋銀行的構想

第四章　第一次世界大戰與日本……151

一　對大隈重信內閣的批判　152

世界大戰爆發　大隈時代的議會改選　對二十一條要求的批判
對反袁世凱政策的批判
二　寺內正毅組閣　160
政權交接的交涉　寺內正毅內閣的成立
戰鬥力旺盛的內務大臣　內務行政及鐵道行政
三　中國與俄國　169
中國政策的轉換　日中合作及與各國協調
對美關係　十月革命的衝擊
出兵西伯利亞　西原借款
第五章　喪失的可能性……185
一　世界大戰後的世界與日本　186
歐美旅行　大型調查機關　東京市長
後藤新平與比爾德

二 邀請越飛與復興帝都 198
華盛頓體制的癥結　日中蘇合作的構想
山本內閣與帝都復興
三 晚年 210
政治倫理化　人材的培育　北伐時期的中國
最後一次訪蘇　喪失的可能性
結語……225
後記……231
後藤新平年譜……235

前言

後藤新平卒於昭和四（西元一九二九）年，享年七十一歲。他生前雖沒有成為首相組織內閣，但是他的績業卻非常卓著。他曾任台灣總督府民政長官及第一任滿洲鐵路總裁；其為提振殖民地經營所採取的強烈手段，無人能望其項背。他三度擔任鐵道院總裁，為日本國鐵發展打下基礎，其功績也是不容置疑的。在東京市長及內務大臣任內，負責關東大地震災後重建工作，其所展示的都市計劃的恢宏視野，仍令人記憶猶新。為了遂行這些事業，他經常進行徹底的調查，從而建立宏大的計畫；對於他的作為，就連知名歷史學家查爾斯・比爾德（Charles A. Beard）都給予極高的讚許。

後藤新平在這些領域的活動，時至今日仍被人們口耳傳頌著。然而，當時許多人把後藤新平當作外交指導者，給予其高度評價一事，如今幾乎已被遺忘。

例如著名的國際法學者也是外交史專家信夫淳平，在《外交時報》上發表題為〈外交者碩後藤新平〉的短文中，讚許後藤新平在明治以來外交上的功績，並對其逝世表示婉惜。由於信夫淳平與後藤新平有私交，他對後藤新平的評價不可盡信，但是他將後藤奉為當代外交上屈指可數的人物之言論，不容忽視。此外，後藤新平相當受一般民眾愛戴，稱呼他為「唯一的國民外交家」的人不在少數。

後藤新平到底有何事功可被稱為「外交家」呢？首先，信夫淳平這樣評價他，後藤新平打破了外務大臣均由外交官或外交官體系出身的慣例，於大正七年（編按：西元年請對照書末「後藤新平年譜」，以下皆是）就任外務大臣，讓閉鎖成習的外務省作風丕變。

實際上，非外交官出身出任外相或外務大臣的，除了明治初期年間以外，一直到後藤新平擔任外務大臣為止，只出現過井上馨及大隈重信二人而已。此二人是外交經驗豐富的明治維新的元老，可以說在外務省成立之前就曾任外交官，所以事實上，首位非外交官出身的外務大臣就是後藤新平。

然而，後藤新平總令人覺得不像外交官：他的言行跳躍而充滿矛盾，對一向重視秩序、安定及信任的外務省領導者而言，其行事風格似顯格格不入。例如：憲政會議總裁加藤高明接到後藤新平就任外相通知時，就辛辣地批評道：「真令人沮喪！」「向來天才、衝動型人物及狂人的區別都只在一線間，我不知道後藤男爵到底是屬於哪一類，總之他是一個怪人，……有識者心中可能都懷有一種不安的感覺。」由於加藤高明是後藤新平的政敵，又是自恃甚高的前外交官，自然對後藤新平就任外相不表歡迎。但是即使排除這些因素，在加藤高明的評語中，也可以感受到他對意料之外的後藤新平人事任命，直率地表達出心中的驚訝與困惑。

其次，檢視在第二次世界大戰前，後藤新平之後以非外交官身份任命為外務大臣的，僅田中義一（兼任首相）、宇垣一成、野村吉三郎及豐田貞次郎等四人。四人當中，田中義一及宇垣一成在陸軍服役時，有長期處理中國問題的經驗為背景，他們以完成日本對中國政策的轉換為目標，就任外相一職。此外，野村吉三郎及豐田貞次郎都是海軍出身，係為了打開美日關係而獲起用。後藤新平就任外相和上述四人相比，從內政或國際關係的層面來看，都沒有什麼必然性。其原非外交官出身，卻能成為外務大臣，究竟原因是什麼呢？

不過，令人更感興趣的是，信夫淳平對後藤新平出任外相的評價帶有實質的意涵，即信夫針對當時已逐漸瓦解的田中外交，戲稱田中義一為「外交上將」，更批判他是「駕駛軍艦的陸軍師長」式的外交，與「適才適所」的後藤新平外交形成對比。

然而，後藤新平出任外相，除了做過出兵西伯利亞的重大錯誤決策外，並沒有什麼可值稱道的成果，僅僅五個月便去職。此外，在任外相前後，從大正六年六月至十一年九月止，他雖然擔任臨時外交調查委員會委員，但也無任何令人注目的言行。總之，即使包含外交調查委員會時期，也只能說後藤新平外相時代是以失敗收場的。雖然日後他開啟了日蘇①邦交恢復的契機，但是以此功績就被稱為「適才適所」、「唯一的的國民外交家」，究竟是怎麼回事呢？

之所以會有這樣的疑問，是因為外交這一名詞有多重意涵，使得「外交家」，目前稱為「外交指導者」這個詞的語意含糊之故。我們先來思考一下這個問題。

首先對外交一詞予以定義：將重點置於對外的交涉，復依據交涉的結果來進行國際關係的調整。海洛德（Harold Nicholson）認為，外交是政府遂行已議決的對外政策；而所謂的外交術則是指，主權國家之間透過交涉，達致彼此都同意的技巧。在這個情況下，接受任務的是外交官及其他政府代表。

第二，外交一詞有時會被視為是對外政策的同義語。不過戰爭即便是一國的對外政策，也不能稱作外交，僅算是負面的對外政策。要和哪一國維持親密、對哪一國採取警戒、應以何方式向何處發展等，先建立起基本的對外戰略，再用戰爭以外的各種方法推動，這就是將對外政策定義為外交的原因所在，而這恐怕也是最普通的外交概念。

特別是在明治時期，外交和戰爭並存，日本為了在國際社會上的權力政治中殘存並發展下去，一般認為外交才是最有力的手段。所謂優秀的外交家，就是善於把握世界列強的動向，巧妙地合縱連橫保障國家的安全，並促進國家發展的人物。這樣的思考方式與當時的人們透過歷史所得知的歐洲古典時期的外交、中國春秋戰國時代或日本戰國時代的外交吻合。大家認為真正的外交家就是，相對於毛奇的俾斯麥②、相對於廉頗的藺相如③等人。

第三，外交一詞更擴大來看，可指稱與外國間交際之全般內容。為何在外交問題中，人們對上述以權力政治為中心所定義的外交觀並不熟知？係因其為文化、政治體制、民族、人種等（以上可總括為廣義的文化）不同的國與國，或民族與民族相互接觸後所衍生出來的緣故。例如現代日本所面對的最嚴苛的外交問題，雖然是以貿易摩擦為核心的對外經濟問題，然而其中，從勞動意願、交易習慣、企業與政府關係等，各式各樣程度不一的文化差異所產生的問題，許多都是無法以權力政治的概念來加以說明的。此類問題，一般人向來都不太認為是外交問題，因為以往都將外交視為同一文化圈內為主的事務。日本的戰國時代自不待言，歐洲的古典外交或中國的春秋戰國時代亦復如此，都是與異文化接觸後所衍生的問題較無關聯的。

以這樣的想法來看，即不難理解日本在十九世紀中葉後加入國際社會，其所面對的對外問題有多麼複雜。這些問題並不僅只是權力政治問題。首先要注意的是，受歐美文明洗禮的日本，在意圖自我變革的決心下，必須慎重處理的對外問題；接著是日本要保有殖民地，就會衍生出的另一個異文化接觸的問題。

然而，日本在歐美列強的背後追趕，不管有多努力，想要獲得完全同等的待遇仍困難重重。繼之，日本好不容易與世界列強比肩成為殖民帝國之時，其所習得的帝國主義外交術，卻沒有什麼效用，因為包圍在日本周圍的國家有中國、蘇聯與美國，各持不同論調高唱反帝國主義。

因此，在評價日本的外交指導者時，就不能單以條約之締結、獲得若干權益這類看得見的成果為標準，應反思目前歐美處於優勢地位下，日本該佔據何種位置，有必要以這種視野來追溯、探討。因之，在這種情況下，即便以權力外交為中心，要如何設法超越文化差異所產生的問題，也都是必須探討的。筆者即基於以上的因素，對外交指導者後藤新平特別關注。

首先，後藤新平對日本外交的基本戰略，提出了個人獨特的看法；他主張的既不是日本外交主流的親英美路線，也不是亞洲主義或獨力發展論，而是日、中、俄三國合作論。此外，後藤新平在超越文化藩籬方面也著有績效。他早年學習西洋醫學後擔任內務省官員，為日本樹立了衛生制度。接著他以殖民地經營者的角色，在異民族中領導眾人發展事業。從最廣義的層面來思考外交的含義，後藤新平會被當時的人們視為值得矚目的外交領導者，也就不足為奇了。

本書即是從上述觀點，以後藤新平的對外政策——在最廣闊的意涵下——為對象，來闡明其思想之特質，並嘗試在近代日本外交思想潮流中予以定位。據此，筆者同時將提供自明治中期至昭和初期，以後藤新平為中心，關於日本外交及內政的記要，藉此讓讀者對日本外交的特質多少有所瞭解。

筆者在此想以簡單的幾句話，讓讀者瞭解本書的寫法。一直以來，筆者認為要掌握一位政治家的政策或思想，必須以其著作及意見書的分析為依歸。通常一位政治家——當然不僅止於政治家——在失去權力，自我主張缺乏實現的可能時，都會堅持下去。亦即在其主張當中，通常都參雜著政略方面的利害糾葛，而隨著其影響力增進的同時，他將會捨去其他可能的政策主張，並付出許多犧牲，而當下其意欲遂行的才是他真正的政策，惟此中才可以發現其思想的斑斑鑿痕。即使我們想從一個人的著作及意見書汲取其思想，該思想也必須是政治家在其行動當中實踐的思想才行，對後藤新平思想之研究尤須特別注意此點。因為其意見書當中充滿了跳躍和矛盾的想法，要是和其著作併觀，他到底是自由主義者、全體主義者、歐化論者或是日本主義者，令人莫衷一是。筆者以為之所以特別強調後藤新平所處的政治環境，是期望讀者在閱讀本書時，有必要自後藤新平的行動當中真正明瞭其政治思想之所在。

本書若以一般傳記的角度視之，稍具爭議性。不過，本書單從一位外交領導者的觀點切入，來描寫像後藤新平般活躍於許多領域的人物，以這種寫法做為後藤新平的傳記視之，應尚稱允。當初顧慮到這是一本新書，在寫作時，傳記事實的重要部分均一一予以交代，因此若把這本書當成有關魅力人物後藤新平的一般評傳來閱讀，也無可厚非。期望讀者在追溯後藤新平行動之同時，能對當時日本政治、外交的原動力有探究的興趣，更進一步對現代日本的這兩個面向加以思索。因為日本被美國、中國、蘇聯等獨特的國家所包圍，至今在國際間仍是先進國中少數非歐美國家之一，就這一點，筆者確信做為外交指導者的後藤新平是值得後人緬懷的人物。

編按

① 俄國於西元一九一七年結束沙皇時代，後於一九二二年正式成立蘇維埃社會主義共和國聯邦，簡稱「蘇聯」。本書內容提及此國時，若在一九二二年以前，即以「俄國」或「俄」表示；若在此之後，即以「蘇聯」或「蘇」表示。

② 西元一八六一年即位的普魯士國王威廉一世，以俾斯麥（Otto von Bismarck, 1815-98）為宰相，以毛奇（Helmuth von Moltke, 1800-91）為將軍，經歷三次戰爭後，建立強大的德意志帝國。毛奇是一位富謀略的良將，但以外交策略促成德意志統一的俾斯麥更勝一籌。

③ 戰國時代，趙惠文王以藺相如為文臣，以廉頗為武將。廉頗軍功雖高，但出使秦國，得以「完璧歸趙」的藺相如在抗衡秦國上貢獻更大，因此地位高於廉頗。

序章

1857
|
1895

醫學及衛生

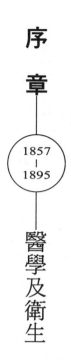

一 青年時期

成長階段

後藤新平在安政四年六月四日（西元一八五七年七月二十四日）出生於陸中國膽澤郡鹽釜村（今岩手縣水澤市），父親後藤實崇是留守家的家臣。

留守氏本姓伊澤，奧州藤原氏滅亡後，源賴朝為了經營東北，設置看守一職，將之派任該地，後來遂以其所任之職稱取代原姓氏，稱為留守氏而成為望族。然而，留守氏在戰國末期時喪失自主權，無奈成為伊達政宗（當時族長留守政景的外甥）的臣屬，俸祿二萬石，寬永六年（西元一六二九年）遷至水澤城，治理當地二百餘年。從這段歷史看來，留守氏是伊達政宗領地當中，地位最高的望族之一，雖然並非獨立的諸侯，卻擁有與之相當的組織和榮耀。

此外，留守氏原本是十八萬石的俸祿，由於俸祿被削減，擁有較俸額為多的家臣。

由是之故，他雖有很多人材，但卻非常貧困，過往的榮耀與現時的沒落、邊地、窮困的生活形成強烈的對比。常言道，在這樣的條件之下必定會有人材出世。一個東北地區俸祿僅二萬石的藩國，之所以能孕育出幕府末期的高野長英、箕作省吾（地理學者），明治至昭和時期的後藤新平、齊藤實（海軍大將、朝鮮總督、總理大臣）等人物，和具備這樣艱困的條件有相當大的關聯。

後藤家的俸額超過三貫，若換算成米約十至十五石，這絕對稱不上富裕，而這樣的俸額還位居留守家臣中的前四分之一，由此不難想像留守家全體有多麼貧困。此外，若以家世來說，後藤新平的父親是侍僮長，祖父任守衛一職，這在家臣中從上算來約排行第五至第二十名，居於中上的階層。父親崇實是一個有骨氣，學問淵博、受人敬重的人，明治年間歸鄉務農成為平民，歿於明治十六年，享壽六十二歲。母親利惠是留守家首席御醫坂野長安的長女，個性積極且務實，於大正十二年去世，享壽九十八歲，她陪伴後藤新平大半生，見證了後藤新平的許多事蹟。此外，後藤新平還有姊弟各一。

談到這個家族時，絕不可忽略高野長英這號人物。高野長英是後藤家族嫡出，和後藤新平的祖父是表兄弟。高野長英死於嘉永三年（西元一八五〇年），是後藤出生的前七年，但是後藤對水澤地區的記憶卻非常鮮明。對年稚的後藤疼愛有加的祖父因高野長英事件而辭去守衛之職。此外，後藤新平的外祖父坂野長安是教授高野長英漢學的啟蒙師，由於這個因緣，高野長英的母親在其歿後，不時會進出坂野家，多少受到些關照。

據說後藤新平在少年時期被人嘲笑是「叛徒之子」，自此才知道與高野長英之間的關係。事實上，高野長英這個名字在幕府末期是非常不吉利的。後藤新平的祖父不斷地告誡族人，不可重蹈其覆轍。但是沒有多久，這個名字卻搖身一變成為維新運動的先知，值得誇耀。後藤新平在日後回想起，認為祖父的訓誡在封建時期雖不無道理，但是他更主張「今宜苦心勵行，以高野長英自許」（明治十五年三月七日致長與專齋書簡）。特別是對一個背負著叛逆分子的污名，在經濟陷於困境的邊地少年來說，能和維新運動先知攀上關係，就像在前景展開了一大片光明。也由於和高野長英這一層親戚關係，後藤新平對國家及西洋文明的關心，變得愈發強烈。

少年時期的後藤新平是才氣煥發的，同時也是令人頭疼的孩子王。慶應三年（西元一八六七年）二月，當時他九歲，即被任命為內房的侍僮。事後回顧起這一段時間，他自述：「在主人身旁肆無忌憚，舉止粗暴，屢遭主公訓斥」，因此，可以想見當年他是如何地淘氣。

然而，不久他的生活產生了巨變。也就是在明治元年時，仙台地方的諸侯因參加奧羽諸侯的同盟後，在戊辰一戰中敗北，俸祿自六十二萬餘石削減至二十八萬石，同時，留守家只有二個選擇，即保有士族的地位移居至北海道，或留在鄉里務農成為平民。後藤家選擇了後者，那是明治二年二月，也就是後藤新平十一歲時發生的事。他在日後想起，覺得那個時期其實並無一般人想像中那麼悲慘。

但是，這個事件對後藤新平來說，可能反而是幸運的。由於膽澤地區在明治二年八月設置了膽澤縣，履新的政府官員發現了他的才能。這些官員有許多是日本西南地方來的，到了東北地方連語言都無法溝通，為了縣治，錄用了當地住民的優秀子弟擔任工友的工作，在這其中，後藤新平也獲中選。

對後藤新平的才能特別青睞的是大參事安場一平。安場一平是肥後熊本藩的武士，也是橫井小楠的門生，其後自稱安場保和，歷任貴族院敕選議員、男爵、北海道廳長官等職位。他和後藤新平的緣份特別深厚，明治十六年，其次女（即日後的和子）並下嫁後藤新平，這些內容在本書後面的章節均會述及。

安場一平認為既然把後藤新平當作寄宿於家中的學生，就應該給他一個比較安靜、人員出入少的環境，並將之交付給部屬岡田俊三郎照顧，這是明治二年年末的事。岡田俊三郎是伊勢地方人，從安井息軒而學，後自稱阿川光裕。他也對後藤新平產生極大的影響，雖然其發揮的影響和安場一平有所不同。

明治三年十月，安場一平任熊本縣大參事見習員，赴該地履新。此事激起了後藤新平奮發向學之心，在他心中產生了設法上京去的想法。而接任安場大參事一職的嘉悅氏房，於翌年明治四年二月因公須上京，後藤新平的父親及阿川光裕遂向其請託，後藤新平便隨同一起赴京。到了東京，由於嘉悦氏房的說項，後藤新平到了當時的太政官少史莊村省三的家中，成為寄宿學生兼前門守衛。

但是，由於莊村省三非常忙碌且漠不關心，再加上後藤新平相當貧困，此次上京完全沒有任何成果。其間有過幾段插曲：後藤新平對受命煮飯一事最感氣憤，故意把飯煮得半熟以示不滿，還有他心中對「叛徒之子」傳言感到憤憤不平，進而頂撞莊村省三說，今日王政已維新，「叛逆分子」所指何物。但是這些不過都顯示著後藤新平的能力表現有多麼乏善可陳。後藤新平直到晚年仍留有濃厚的東北腔，要他發表理論性、有條理的言論最感力不從心，再加上他上京時是十三歲，除了漢學以外，沒有什麼值得一提的學問，更不可能穩重地表達自己的志向和希望。被人嘲笑為叛徒之子、鄉巴佬，想辯解又說不出話來的後藤新平，滿腹鬱悶毫無所獲地返回家鄉；這是明治五年一月，上京之後還不滿一年的事。上京以前，後藤新平和比他小一歲多的齋藤實等人被大家稱為水澤三秀才。他第一個上京，心中原頗為得意，然而回鄉後卻發現他們都已經離開，僅剩下自己一個人留在故里。

修習醫學

明治六年五月時，出現了第二次遊學的機會。明治五年十月阿川光裕調任至福島縣須賀川，他勸後藤新平當醫生，並說如果後藤新平就讀他任職地的醫校，他可資助部分學費。其實，後藤新平並不想成為一名醫生，因為他認為醫學是「文官們的雕蟲小技」（〈自傳〉）、醫生是「服侍王公貴族的人」（前述之明治十五年三月七日致長與專齋書簡）。實際上，在舊幕府時代，醫生和無男子氣概的印象是聯結在一起的。另一方面，阿川光裕之所以勸後藤新平當醫生，係認為他的性格過於激烈，多少能夠令其導入較穩健的道路上，同時這也是其父親的希望。總之，後藤新平並沒有其他求學的機會，所以他接受了阿川的建議，出發到須賀川念醫校。

然而，須賀川醫校當時尚未整備完善，並不是用原文書（正規課程）上課，而是以翻譯書（非正規課程）為主。後藤新平認為還是應該接受正規的教育；明治六年五月下旬，他決定先到福島小學第一校別科（福島洋學校）學習，以為正規的學習作準備。之後，可能的話，他希望更進一步能進大學東校（日後的東京帝國大學醫科大學）。

不過，後藤新平並沒有機會熟悉福島洋學校，可能是因為人材不足、教師的素質有問題，這種情況在當時是很平常的；又因為要修習原本就不喜歡的醫學課程，總覺得使不上力；再加上，後藤新平本身似乎並不擅長學習像語言學之類，必須孜孜不懈地累積學習成果的科目。總之，他當時的情況是對數學、測量的課程非常投入，閒暇時愛讀《西國立志編》，然而對重要的英語學習卻棄如敝屣，最後導致僅僅半年的時間就退學回家去了。當時是明治七年一月。

但是，後藤新平被阿川光裕及父親嚴厲地斥責及說服後，明治七年二月時，他決定轉學到須賀川的醫校，學習非正規的醫學課程。由此觀之，後藤新平進醫校就讀完全是偶然，非其本意。不過，他在醫校接觸到物理學、化學、解剖學、生理學等近代科學後，產生了強烈的興趣，從而開始努力認真地學習。後藤新平除了從阿川光裕那裏得到僅夠支付的學費外，家中並沒有提供任何生活資助，生活雖然極度貧困，但是他認為這並不足掛齒。

一個人一旦對事物感覺有興趣，很快就會嶄露頭角。明治八年七月，後藤新平任學生宿舍的副舍監（管束學生），翌年三月又被任命為舍監。學生當中，有不少已經是獨立的開業醫師，為了學習新知而到此學習；能夠管束好他們，想必是因為後藤新平的學習實力和人望超群之故。

如前所述，抱持著「以高野長英自許」的想法，對西洋文明有強烈憧憬的後藤新平，為了學習西洋文明，屢遭挫折，走了許多迂迴路。而且，他最後學到的是「非正規的」醫學，自始至終都無法正式地從基礎開始學習西洋文明。日後他的一些行為被認為，和他這段接觸西洋文明的曲折迂迴之遭遇有所關聯。

例如，後藤新平對出自正規教育體系下的菁英，經常表現出排斥的態度。後藤新平稱呼東京帝國大學是「殘廢者養成所」，特別為人所熟知的是他批判該校法學部的研究狀況，稱之為「皮相的法學通論派」。其外甥椎名三郎（日後的自民黨副總裁）大正十二年自東京帝國大學法學部畢業後，打算進農商務省任職時，後藤新平卻告訴他，那種教育是沒有什麼用處的，先在官署中待個兩三年，暫且學學自然科學相關的知識再說，以此刁難他。

然而，另一方面，後藤新平又以大膽用人著稱，被進用者多數是帝大的畢業生，特別是法學部畢業的。此外，他為了記念兒玉源太郎，想要把殖民政策的書籍捐贈給大學時，對象仍是送給東京帝國大學法學部。乍看之下相當矛盾的態度，皆是由於先前所述那種曲折迂迴所造成的自卑感有以致之。

此外，後藤新平在殖民政策及對外政策方面，他認同西洋各國的作法，基本上更主張模倣之，而同時，他又想強調日本及亞洲的獨特性；此事也顯示出過去曲折迂迴的遭遇所帶來的影響。他的作法和接受西洋文明進而自然而然主張與西洋列強相互合作的年輕官員（特別是外交官員）大異其趣。另一方面，他的主張和許多排斥西洋列強的作法，視之為「霸道」並想要採取與之相對的亞洲「王道」作法的亞洲主義者，亦是不同的。

名古屋時期

十九歲時的後藤新平
（攝於明治十年五月）

明治九年八月，後藤新平到名古屋的愛知縣醫院擔任三等醫，每個月薪水十元；此時他十九歲。

若從經濟的角度來看，這樣的職位是沒有任何吸引力的，還有條件更好的工作可得。但是，後藤新平的恩人安場一平在名古屋，他是在明治八年十二月調任為愛知縣的縣令；此外，另一位恩人阿川光裕於明治八年調任東京後，九年一月時也調到名古屋履新。

比前述的理由更重要的是，名古屋是一個大城市，後藤新平認為那裏是適於學習的環境。他在自傳中如此描述：「雖安於小成無益，然於大都遊學之念片刻未曾止息。」愛知縣醫院設有附屬醫校，其中有奧地利籍的醫師羅列玆及有名的醫師兼翻譯家司馬凌海任教。在此附帶說明，在當時的愛知縣醫院當中，羅列玆以教授的地位，領取月薪三百日圓；司馬凌海則是「醫院副教授兼醫學所教授及口譯」，可領二百五十日圓；其次「醫學所副教授兼醫局長」的月薪是八十日圓；除上述之外，其餘所有人的月薪都在二十日圓以下。由此可見，羅列茲和司馬凌海的存在是如何地重要了。

到了醫院後，後藤新平馬上寫了一封寄給父親的家書，當中寫著：「兒適處於能用功之狀態。由於係德意志學之老師，兒亦欲自基礎學習。」他因有了目標，十月時後藤新平即進入司馬凌海的私塾學習，從此往來於私塾及醫院之間。司馬凌海在語學領域造詣深厚，非常有才能，完成了許多翻譯作品，後藤新平經常以筆記將其口述記錄下來。司馬凌海的作品中，有許多是警視廳委託，有關衛生警察或法醫學的內容，這些孕育了後藤新平日後對衛生行政的關心。不過，由於司馬凌海在明治十年四月離開名古屋，他在老師家只能待到那個時候，而且他必須負責醫院的工作，還要準備將於後述及的考試，所以後藤新平習「德意志學」的進步是有限的。

明治十年時西南戰爭突然爆發，在大阪成立了大規模的陸軍臨時醫院，許多著名的醫師都在該院參加醫療工作。後藤新平亟欲設法加入在臨時醫院工作的行列，以增加行醫的經驗。六月他參加了醫術開業考試，七月時便到大阪拜訪該院院長石黑忠悳。繼之他得到羅列茲的贊同，辭去了名古屋的工作，從九月開始，以受雇醫師的身份在陸軍臨時醫院上班。後藤新平在臨時醫院中主要是在外科病房累積經驗，他和許多人們熟知的名醫師並肩救治過許多的患者，也對自己做為一名醫師應有的能力開始有了自信。後藤新平從實習醫生的水平，提升到獨當一面的醫師，就是在這個時期。

對後藤新平更為重要的是，他在此得到石黑忠悳院長的知遇。石黑忠悳在日本是確立軍醫制度最重要的人物之一，他身為一位制度創設者，經常吸引全國有才幹人才的目光，賀須川醫校校長及名古屋鎮台醫院院長都是他的學生，石黑忠悳從他們口中得知後藤新平的卓越表現，兩人也曾在名古屋一起用過餐。後來後藤新平造訪石黑忠悳，接著到大阪工作，均是以此為背景所促成。後藤新平到了大阪後，石黑忠悳對他的能力有了更進一步的了解，日後相機將其引介入內務省，並在甲午戰爭時，把他推薦給負責檢疫工作的官員等，對後藤新平不次拔擢。後藤新平能從一位地方的醫師，進而成為中央的官員，之後又親近陸軍，在殖民地經營上展露頭角，石黑忠悳扮演著關鍵性的角色。

明治十年十一月時，由於大阪的工作已告一段落，後藤新平就到名古屋的鎮台醫院任受雇醫師，翌年三月復回到愛知縣醫院任職。自此之後，他的晉昇就開始令人驚異。明治十二年十二月後藤新平代理愛知縣醫校校長兼醫院院長，十三年五月同上代理，十四年十月正式成為愛知縣醫校校長兼醫院院長；那年他二十四歲。由於過於年輕，後藤新平在看診時還屢遭誤認為代診。據説由於這個緣故，他還刻意在臉頰至下顎間蓄了短髭。

後藤新平在擔任醫院院長期間最為人津津樂道的，應該是板垣退助的遇難事件。明治十五年四月，向各方遊說的板垣退助，在岐阜為暴徒所刺殺，醫師們由於害怕去診療後將與自由黨牽扯不清，而沒有人願意去看診，只有後藤新平受託後便趕赴診察。他診療結束離開後，板垣告訴他的親信說：「此名醫個性獨特，實應使其從政。」（《自由黨史》）

後藤新平在擔任醫院院長兼醫校校長時，行政工作的表現就很傑出。往後發揮出來的經營能力，都是從這個時期開始顯現的。明治十三年五月，羅列茲任期屆滿後離開名古屋，他雇用數名大學本科的畢業生，來取代支付高薪的外籍醫師，進行大幅度的組織革新，這些作為使得愛知縣醫院及醫校面目一新，聞名於全日本。結果，明治十五年五月時，將全日本地方性醫校分為甲乙二類，甲種學校的畢業生可直接發給開業執照，而愛知縣醫校毫無問題地獲選為甲種學校。

前述後藤新平的經營能力得以發揮，和其背後有羅列茲及安場一平（縣令任期至明治十三年三月止）二位有實力的人作後盾大有關聯；後藤新平日後同樣得到許多有實力的人支持，得以發揮其才幹。此外，後藤新平經營戰略的核心作法，通常是人才的錄用及組織的汰舊革新，此一特徵早在名古屋時期即已展現。

然而，後藤新平並不是耽於愛知縣醫院及醫校成功的人。從疾病的治療，進而對疾病的預防，也就是對衛生各個層面他都關心。因之，他接受羅列玆的意見，以「使民無治療之虞」為目標，寫了一篇〈宜設置健康警察醫官之建言〉（明治十一年十月），提呈給時任縣令的安場一平。後藤新平以此篇建言為基礎，更進一步發展，寫成〈於愛知縣設置衛生警察之構想〉，並親自持送給當時的內務省衛生局局長長與專齋進行溝通。此外，後藤新平為了將衛生的層次提升，組成人民自治團體「愛眾社」，更主張將愛知、岐阜、三重等三個縣的醫校統合起來；如上述，他的活動範圍益發擴展開來。

當時的內務省衛生局長長與專齋對後藤新平的活動非常注意；石黑忠悳也推薦他，認為把他放在地方太可惜。由是之故，長與專齋便招聘後藤新平到衛生局，他也同意赴任。對於長與專齋的這個決定，後藤新平在明治十五年三月七日寄出的書簡中敘述道：「良相良醫豈其異乎！」亦即他希望自己以所學的醫學知識，能儘可能地影響其他人。對他來說，這是文明應有的面貌，亦是「以高野長英自許」的原由。

二 衛生局時期

進入衛生局

明治十六年一月，後藤新平到內務省任事務員，開始在衛生局上班。從內定到赴任約經過一年的時間，這是因為他猶需處理身邊的工作之故。

衛生局長長與專齋可說是日本衛生行政的創制者，內務省衛生局草創（明治八年，當時稱作第七局）以來，至明治二十四年止，他任局長之職長達十六年。衛生一詞，據他考證其概念在日本是未曾有的；但是，不管是長與專齋或是後藤新平，他們在執行近代衛生的制度或政策時，完全沒有一意孤行的想法。

後藤新平在衛生局的時期，剛開始時執行的重要工作是，明治十六年四月到六月視察新潟、長野、群馬三個縣的衛生狀況。當時，他事先做了一份詳細的問題清冊，一再地反復審訂。其中，他對醫療衛生的相關事項自不待言，更網羅了包含地理、測量、物

資、風俗等範圍廣闊的事項。

新婚時的後藤夫婦
（攝於明治16年9月）

這麼做的理由，後藤新平在其報告書中敘述，縱使沒有所謂衛生之概念，只要有人類居住，「衛生之道」必然存在，這是人類的「本能作用」。可是，各個國家風土不同，衛生的法令也各不相同；再加上，外國的制度也不能照章不變地移植到日本。因此，先要對全日本各地的衛生相關現況予以調查，從而「以之與理想相對**照，權衡利害」，他斷言這個作法是**「當今推廣衛生首要之手段」。上述的考量，是此一詳盡的調查事業背景之所在。

後來，後藤新平在明治二十三年所撰《衛生制度論》中，也反復強調前述的想法，他敘述：「衛生實務者，首重之事在於其和地文學問的關係及民間習慣衛生法之沿革」，並強調：「實施衛生制度，須與世態、人情、風俗、職業等之變遷相對照，加以考察，不可或忘。余確信，此實為從政者之要務。」後藤新平其後復進行大規模的調查，但是他最初所做的，是剛進入衛生局時實施的衛生狀態調查事業。他主張，施行文明不可操之過急，須妥善調查現地實際之狀態，並講求因應現實的操作技巧。

《國家衛生原理》

後藤新平的第一本著作《國家衛生原理》在明治二十二年發行，這是瞭解其政治思想非常重要的一本書。這本書當中，後藤新平將人下了一個定義：所謂人類，就是被放置在適者生存、弱肉強食的激烈生存競爭中的一種生物。這個說法意指人類是一種為「生理上的動機」（或稱「本性」）即「發揮生命體與生俱來的天性所具之力量」所動，以「生理上的圓滿」即「滿足身心健全的生活環境」為目標，相互競爭的動物。

但是，這樣的人類是無法自然形成自我約制的秩序的，而且，為了自我保護所產生的生存競爭，到頭來反而會演變成破壞自我保護的行為。因此，為了裁決這些競爭，必須制定公共秩序。此外，為了實現各人「生理上的圓滿」，指導能自然地工作，以製作「需求品」的共同行動，公共秩序的存在是有其必要的。在這個當中，「主權者」或者「治者」出現，國家始而成立。

後藤新平認為這樣成立的國家有其自體的「生命」。因之，國家當然擁有基植於其生命的「生理上的動機」，亦擁有作為目標的「生理上的圓滿」。不單如此，從這個脈絡觀之，國家是「最高的有機體」，而人類被賦予了地位，其地位不過是「人所組成的國家這個集合體的份子」。

後藤新平自稱，前述的國家論建立在「生物學」的基礎上。它是綜合社會契約論、國家有機體論、社會進化論的理論，也許不能說是他獨創的理論，然而在其理論中卻如實地反映了後藤新平醫學、醫療的體驗，及身為衛生局官員的立場。他認為追求生理上的圓滿的同時，卻不知其方法的人即是患者，亦即是不知文明為何物的無知國民。對此，做為國家理性的絕對體現者——君臨百姓的「主權者」或者「統治者」，是醫生，是明治時期的國家官員，他們擔負著文明化的使命。

後藤新平另一個令人感興趣的觀點是，他一方面認為人類或國家「生理上的動機」（「發揮生命體與生俱來的天性所具之力量」）具普遍性，另一方面他也理解其中的差異性。因為人類或國家具有適應所處環境的「慣習」，也就是所謂的「第二天性」所致。後藤新平這種重視「慣習」及急切地否定「理論」之適用性的作法，均與他極重視醫療上的病狀和體力，以及他任衛生官員時非常重視調查工作有所關聯。

不過，至目前為止已多次提及的「文明」一詞，在上述的國家論中，究竟被如何定位呢？後藤新平認為，文明扮演著支撐起治理國家的方策，以維持社會秩序及提高生產力，從而擔負建設富強國家的角色。把世界當作生存競爭的場所，將國家視為生命體的後藤新平，國家間之競爭必然在其預期之中。從而，他認為文明的程度決定了競爭中的獲勝者。他這個觀點，也如實地反映了明治時期日本國家目標之指向。

在後藤新平的《國家衛生原理》中，如前所述「生物學的」國家觀當中，有其學習醫學、從事衛生行政之體驗清楚的鑿痕，其中已涵蓋著他日後所秉持之大部分的政治思想。不過，這個觀點不涉及國際關係，且多是抽象的，日後落實到現實中時，究竟如何被推行、被確立，猶待進一步檢討。

留學德國

明治二十三年四月，後藤新平三十二歲時赴德國留學。他以在職的身分私費留學，僅獲取調查費，所以生活並不寬裕。

後藤新平的留學計畫至少在明治十三年末就開始醞釀了，實際上過了十年才償其宿願。對於只能在東北一隅學習「非正規的」醫學的自卑情結，後藤新平認為只有到現地去留學，才是最佳、也是唯一消除此一情結的方法。在那裏，他繼續其醫學的修習；這是他第二次接觸西洋文明，也是較直接的一次。

但是，即使後藤新平身在德國，接觸西洋文明，卻使其內心愈感曲折。首先談他值得肯定的一面；後藤新平對西洋文明的有效性、先進性及普遍性感受非常深刻，他努力學習這些東西。特別是他對德國的社會政策及其中的衛生行政感受尤深，留學期間專心致志於學習。此外，後藤新平三次參加國際會議（柏林舉辦的第十屆國際醫學會議、倫敦舉辦的世界衛生及民政會議、羅馬舉辦的第五屆世界紅十字會議），會議期間受到熱情款待都令他感動不已，同時他也對日本政府參與會議消極背動的態度相當憤慨。亦即他在歐洲深深感受到，西洋文明的普遍性已開始牽動日本，同時也對日本政府不充分參與的情況深感痛心。

後藤新平在汲取西洋文明上獲得了相當的成果。總之，他取得了醫學博士的學位，這一點可予以證明。

然而，後藤新平始終没能與西洋融為一體。當時與其同為留學生之一的金杉英五郎對他有如下的回憶：後藤新平「語言的天賦不足」、「痛恨與外國人往來，儘量不和他們接近」。德文閱讀能力姑且不論，他似亦不否認自己拙於會話。此外，後藤新平每當想家時，即不停向身邊的人叨唸：「真想吃米飯！真懷念酸梅的滋味！」、「我不要做公務員了，我要回日本！」常令聞者不知所措。

金杉英五郎又敘述了一段小插曲，後藤新平在德國留學時參加的一場宴會中，受到主人的千金邀舞，他竟回答：「妳真没教養！」令該千金氣憤不已，並引起全場大騷動。大吃一驚的金杉英五郎替後藤新平緩頰道：「這個人辭不達意，他其實是想說自己没教養，没資格和淑女共舞。」後來後藤新平便提早離開了會場。不過，就算德語再差，也不可能無法區別自己和他人。其實，後藤新平堅信跳舞確是沒教養的；他自己斷然地拒絕邀舞，金杉英五郎卻多事替他打圓場，讓後藤新平心中頗表憤慨，據說兩人為此好幾天互不往來。此外，據同為留學生之一的岡田國太郎描述，一位德國人向後藤新平說：「日本算是清廷的保護國吧！」那時，他沒有任何反駁或解釋，就掄起手杖向那個德國人打了一棍後迅速離開。

不管是金杉英五郎還是岡田國太郎對後藤新平這樣的舉止，都認為是由於他會話能力不足、特立獨行的怪癖、不服輸的性格等特質所造成的。然而絕不止前述那些特質而已。每當他在評價西洋時，往往無法完全融入，總是伴隨著油然而生的自卑感。後藤新平在感情的層次上是反抗西洋的，他卻不知如何適當地表現，由此轉而成對自己的焦慮。

總之，後藤新平學習醫學後，他與所獲得的西洋文明之間的曲折關係，具有雙重意義，即他在德國留學並未治癒其心中的陰暗面，反而更增強其曲折度，復轉變成為他與西洋之間的曲折，形成了雙重的曲折關係。

除了前述的心路歷程，後藤新平留學德國對其政治思想所造成的影響，也應予以探討。如前所述，後藤新平最關心的是德國的社會政策，他在留學前就非常注意俾斯麥所採行的社會政策，特別是疾病保險、殘障保險、養老保險等，打算著手立法，把這些都做為施政的典範。此外，後藤新平在《國家衛生原理》中，把國家當作是一個有生命的有機體，其思想後來演變成，國家的統治對該有機體而言即是「衛生」（〈國家的事務即廣義的衛生〉）的思想。他在德國當地，親眼目睹德國的社會政策，感受到自己所關心的兩個議題已被融合為一並加以實現。後藤新平此時所謂的「生物學的」國家觀已具有明確的現實性。

另一點必須思考的，是當時德國在國際上的地位。後藤新平到達德國時，是俾斯麥自宰相的地位剛被罷黜的時候，德國正從俾斯麥時期的歐洲性格中掙脫，開始朝世界性的國家邁進。這樣的德國對他來說，就是一個生命力旺盛的有機體。

不過，對後藤新平來說，印象深刻的不是德皇威廉二世而是俾斯麥。多年後，他在《俾斯麥演講集》（一九一八年十二月刊行）的序文中有如下的敘述：對俾斯麥而言，所謂的國家，「並非理論的產物，而是實質勢力的結晶」、「是一個串連過去現在及未來，具有連續的生命，並且有個性之有機體」。從而俾斯麥認為應將國政「以其國家傳統的特質為準據，來加以指導」、「置於世界之中，審度時勢以制宜」，以這樣的方向來努力。若以其皮相觀察之所得，俾斯麥係「欲以其個人見解及意志，成為治理國家的方策」。然而，實際上俾斯麥熟知「勢力較個人的意志更強而有力」，亦即他很清楚「伴隨在諸如國家的起源、變遷、鄰邦等相關歷史情況中之自然要素」的力量之強大，從而無法「在採取自立的軍國主義的同時，捨棄聯盟之間的合作外交」。因此，後藤新平斷言，這才是俾斯麥思想之精髓所在。

後藤新平是從何時開始如此解讀俾斯麥的國家觀、外交觀不得而知，但是，由於他對俾斯麥的熱衷，是在他留學期間所發生之事，所以可以推測至少在他留學時，上述對於俾斯麥的印象已有了大致的輪廓。因之，他的見解並非依循理論，而是依循歷史（相當於慣習）來調整國際關係；很明顯的，後藤新平此見解意味著，他並非以力量均勢這種普遍的見解，而是以其獨特的「生物學原理」來解讀俾斯麥及國際關係。

依據上述，後藤新平在德國留學時確立了其「生物學的」國家觀，並將之擴及至日本的對外政策及國際關係。

衛生局長時期

後藤新平於明治二十五年六月從德國返回日本，同年十一月被任命為內務省衛生局局長。長與專齋在明治二十四年八月從局長之位退職時，就已經決定由後藤新平繼任該職，到其返日之前，均暫由其他人代理局長之職。

後藤新平成為衛生局長後，與留學時期相比蛻變甚多，顯得意氣風發。金杉英五郎曾經目睹後藤新平在德國留學時的種種，對其形象的轉變挖苦道：「歸國後匆匆成為衛生局長的伯爵（指後藤新平），以其萬丈氣焰、以其鼻息吹倒眾人之勢，……在德國沈默寡言者，驟變為強辯饒舌之士，俄頃其鋒芒愈顯銳利。」

任新職位的後藤新平以其本身固有獨創的方法銳意圖治，為期實施及培植他留期間所習得之醫療、衛生相關的新知識——文明。他就任局長後，馬上就和漢醫的復權運動對決並予以壓制，即是一例。亦即在明治二十五至二十六年的第五議會期間，漢醫系的議員提出修改醫師執照之規定，為圖漢醫復活的法案。對此，後藤新平得到反漢醫之醫師議員、陸軍醫務局局長石黑忠悳及司法次官浦奎吾司的助力，以公共衛生、軍事衛生及司法鑑定的角度，揭露漢醫無用之實情，終結了這個法案。一般人也許會認為這樣的作法太過於強勢，應該以較穩健的方法來解決。然而，對文明化的信念堅信不移的後藤新平來說，是否要把漢方醫學與西洋醫學放在同等的地位，這樣的問題是毫無妥協餘地的。

另一著名事件是以北里柴三郎為核心，設立傳染病研究所一事。這件事遭到文部省、帝國大學的反對，他們欲將研究部門完全置於自己管轄之下；這種官僚主義劃定勢力範圍的紛爭，是後藤新平所無法容忍的。不過，這個問題在福澤諭吉的協助下，先以民間機構的形態成立，日後再交由官方管理的變通方式始得以解決。另外，住在傳染病研究所附近的居民也反對設立該所。這種因為無知而產生的反對，也是後藤新平難以容忍的。後藤新平某日命令屬下偷偷地將傳染病研究所的招牌塗黑，藉此讓居民自覺反對運動過激，從而脫離該運動。以後藤的觀點來看，他身邊已有北里柴三郎這樣的人才，而結核菌素的開發也是急待解決的課題，因此，對這種無知老百姓阻擋文明化的愚行，即便用一些計謀來加以排除也未嘗不可。總之，後藤新平對文明化的信念堅定不移，並且他認為有可能實現的時候，他的態度是十分強硬的。

不過，綜觀其作為，後藤新平遵從「生物學」的原理，確實貫徹了他重視慣習的立場。在他就任衛生局局長一職後，首先甚至在調查工作上，花費將近一年的時間。

自此，當後藤新平正要開始認真於政事的時候，重大的挫折卻來叩他的門，即他因相馬事件而遭拘留、收押一事。

相馬事件

所謂相馬事件，是與福島縣舊相馬藩的藩主相馬誠胤有關的事件。相馬誠胤從明治十二年起，因被視為精神異常遭監禁在在其府邸內。然而他其實是正常的，監禁一事傳言是，一伙人意圖讓相馬誠胤同父異母的弟弟繼任藩主的陰謀。原相馬家家臣錦織剛清是這個事件的中心人物。這個事件因被當作舊幕府時代的藩主繼承人之爭，廣泛引起人們的興趣，錦織剛清甚至被視為忠義之士而頗孚眾望。

後藤新平因過去曾在須賀川求學，對相馬家頗為熟悉。此外，愛知縣醫院的事務局局長今村秀榮，出自相馬藩之門，對相馬誠胤的處境相當同情。明治十六年底，後藤新平透過今村秀榮與錦織剛清會面，並協助錦織所策動的營救行動。後藤新平當時主張要重新診斷相馬誠胤的病情，並追究警視廳在處理精神病患的規定上不夠完備，要求其改善種種現況。明治二十年時，錦織剛清把相馬誠胤從巢鴨的醫院強奪走，後藤新平暗中給予支持，甚至還把相馬誠胤暫時藏匿在自己家中。這很明顯是犯罪的行為，然而，當時日本政府正等待與外國進行條約之修改，因此放任後藤新平此一行為。因為日本政府擔心，事件若進一步擴大，國際間將把注意力集中在日本對人權保護的問題上之故。

由於後藤新平從旁協助，相馬誠胤所受的待遇獲得了改善，明治二十年四月被送往自宅中安心療養。事件至此看似已獲解決。

然而，錦織剛清其後仍持續從事他策畫的行動，在相馬誠胤於明治二十五年二月驟逝後，錦織打算控訴相馬一家人及管家等毒殺了相馬誠胤。後藤新平彼時剛從德國返抵日本，錦織剛清和他相約見面，後藤新平認為就算毒殺是事實，要發現證據亦非常困難，而表示反對上訴。不過錦織剛清充耳不聞，翌年七月仍決心提起告訴。對此，相馬家一方則反控錦織剛清誣告。九月，相馬誠胤的遺骸被挖出進行解剖，結果並沒有發現毒殺的證據。至此情勢逆轉，錦織剛清被追究責任，而替錦織繳交保證金的後藤新平，也因有共犯的嫌疑，於十一月時遭拘留、收押，十二月被免除衛生局局長職務。

明治二十七年五月，東京地方法院因罪證不足判後藤新平無罪。檢察官雖提起上訴，但東京上訴審法院於十二月維持原判決，後藤無罪確定。

後藤新平對相馬事件涉入甚深，與其說是出於其個人的俠義心腸，不如說他是對精神病患者受到不文明的對待，心生憤怒所反映出來的行為，他想要矯正病患被草率地診察、被毫無根據地監禁、被送進醫院而遭到非人道的待遇。以這個動機來看，該事件就成了他在衛生局時期為文明而戰的一部分；但是，這個行動卻顯得粗暴而不文明。據說錦織剛清最後成了一名貪慕名聲、覬覦相馬家產的野心份子。後藤新平對錦織剛清之事涉入太深，可說是他的失策。因此，入獄半年（五月二十五日假釋出獄）是他必須償付的代價。

臨時陸軍檢疫部

據說後藤新平被判無罪後，對再任公職一事顯得意興闌珊。他在衛生局長時期，那群對他的職位虎視眈眈的人自不消說，就連衛生局的同僚，都在其入獄的同時棄他而去，由是他心中甚覺不快。

然而，後藤新平在明治二十八年一月，因石黑忠悳的推薦而成為中央衛生會委員。

石黑忠悳一方面愛惜後藤新平的才華，另一方面則擔心其激烈不夠圓滑的個性，若任他待在民間，不知道何時將招致禍患，而他的朋友、舊識當中，有同樣想法的似也不少。石黑忠悳並說服他那不是公務員的職位，他才同意就任。

彼時，中日甲午戰爭接近終了，返鄉軍人的檢疫工作成為懸案而浮上檯面。當時任野戰衛生長官的石黑忠悳對此問題應主其事，他向陸軍次官兒玉源太郎推薦後藤新平負責這項工作，認為適任之人選非他莫屬。三月，臨時陸軍檢疫部官制公佈，四月，兒玉源太郎任部長，後藤新平任事務官長，開始推動檢疫工作。

這項檢疫工作相當繁重，在宇品（編按：日本廣島市南區的港灣）附近的似島等地共成立了三個檢疫所，每天的檢疫人數，似島達五千至六千人，其他二處加起來則達二千五百至三千人。三個檢疫所共佔地六萬六千坪，設施建坪共二萬一千坪，且全部配置最新的設備。後藤新平下令所有的工作須在二個月內完成。檢疫從六月一日開始進行，船艦總數六百八十七艘（總噸數一百一十三萬五千噸），人員達二十三萬二千人的檢疫，如期在二個月內全部完成，這在世界上是足堪誇耀的成果。

這段期間，對後藤新平來說，是他忙碌的生涯中顯得格外忙碌的一段時期。他一天只睡三個小時，更曾經有四十三天未上床睡覺的逸事至今仍流傳於世，看樣子應離實情不遠。後藤新平在八月二十一日將廣島的檢疫辦事處結束後便返回東京去，當時他像變了一個人似的，憔悴疲憊到說不出話來。

相馬事件之後，後藤新平能否回歸為社會所接受，檢疫的工作之成敗關係至鉅，因此他是以必死的決心在從事這項工作。石黑忠悳在六月十三日寄給他的信件中言及：「眾人皆知閣下係有為之才，惟相馬事件後予人投機之感」，並激勵他說：「惟願此事件，能將閣下滿懷之真誠，現出世有之大度」。

對於石黑忠悳此次的激勵，後藤新平報以極佳的回應。不單如此，他還在這個工作中獲得兒玉源太郎的賞識。兒玉獨自承受來自陸軍內外對後藤新平批評的壓力，讓他自由地發揮才能。這也成為日後兒玉任台灣總督，後藤任民政長官之搭檔的契機。

再任衛生局長

後藤新平在明治二十八年九月時，由於石黑忠悳與長與專齋的推薦，再度就任衛生局長。

在二度任衛生局局長的期間，後藤新平盡全力推動在德國習得的社會政策。正如他曾推動預防勝於治療的工作，迨至進入衛生局；此次他由對身體健康的關心，進而對社會的健康產生關心。

具體地說，後藤新平想要推動的政策涉及多方面，但焦點集中於設立貧民就診的大醫院，及勞動疾病保險（相當於現在的健康保險）。其目的在濟貧，更進而防貧。

其中令人感興趣的是推動該政策所需的資金計畫。明治二十八年，後藤新平首次向首相伊藤博文提案時，他將清廷的賠償金做為所需資金之標的。他的論述是，雖然加強軍備、充實產業、改善運輸設施等皆屬必要，但若要「鞏固國本」，惟實施「具建設性的社會制度」方屬最令人期待之事。且因俄、法、德三國干涉，須歸還遼東半島，可再向清廷要求額外支付賠償金，如此一來經營遼東半島即無需另籌資金。綜合以上觀點，他認為資金運用的狀況日益樂觀。在當時對歸還遼東半島一事表示歡迎的，大概只有像後藤新平之類的人。不過，這個提案受挫後，他為了推行社會政策，另有數個具體的提案主張增稅，其中一個有關目的稅的提案頗耐人尋味。

然而，後藤新平所提倡的社會政策，每一項皆在尚未進入實行的階段即提早以失敗告終。以當時的財政及政治狀況來看，還有許多更緊急的事務需要推動，這種政策至少要等到日俄戰爭後，乃至於明治末期，日本政府對社會主義的成長有危機感時才有可能實現。後藤新平的步伐似乎太快了。

一般來說，後藤新平成功之處在於，他領導事業規劃的階段，也就是大家對他規劃的目標都很清楚的時候。與之相較，他領導一般的組織，也就是課題尚未明確時，往往以不太好的結果收場。當時日本的衛生行政已過了草創期，正迎向穩定期。從後藤新平提倡結合衛生及濟貧工作，可知他的構想是要超越內務省衛生局常例的工作範圍；這正標識著他離開衛生局的日子已近。

另一方面，日本遭遇了一個明顯屬於衛生方面的難題，即甲午戰爭後接管台灣的相關問題。在職責上，後藤新平當然應該參與這類問題，特別是棘手的鴉片問題。他在明治二十八年再任衛生局局長以來，便一直提倡他個人的鴉片漸禁論，由於這個緣故，後藤新平於明治三十一年時辭去衛生局局長之職，受任為台灣總督府民政局局長。

第一章

1896—1905

台灣民政長官

一 統治台灣的基礎

就任民政長官

明治三十一年三月，後藤新平開始擔任台灣總督府民政局局長一職，這個職位依據同年六月時的官制改革，改稱為民政長官，其地位僅次於台灣總督。至後藤於明治三十九年十一月就任滿洲鐵路總裁為止，他在這個職位八年八個月的時間裏，對台灣的統治有傑出的成就。

起用後藤新平的是第四任台灣總督兒玉源太郎，他對時任中午戰爭後檢疫工作的後藤新平，其所採行精明強幹的手段印象非常深刻。直到明治三十九年四月他任參謀總長為止，總計超過八年的總督任內，對後藤新平信任有加，放手讓其自由發揮。在這段期間，兒玉源太郎除了是台灣總督外，並且是內閣閣員，兼任陸軍大臣、內務大臣、文部大臣等職位（分別是明治三十三年十二月至三十五年三月、三十六年七月至十月）；而在日俄戰爭時及其前後擔任參謀次長、滿洲軍總參謀長、代理參謀次長等職，實際上所扮演的是陸軍作戰最高指揮者的角色。兒玉源太郎在如此繁忙的職務期間，特別是就任參謀次長以後，後藤新平是實際上的台灣總督。

兒玉源太郎之後繼任第五任台灣總督的亦是長州出身的陸軍上將佐久間左馬太，後藤新平應佐久間之請，留任民政長官，約莫半年後，後藤新平赴任滿洲鐵路總裁，始離開台灣。不過當時新設台灣總督府顧問一職，後藤新平同時兼任該職。從以上的情況可知他的存在有多麼地重要。若說在日本統治台灣約五十年的期間，後藤新平的影響力無人能及亦不為過。

不過，想任用後藤新平為民政局局長的不止兒玉源太郎一人。明治三十一年一月組織新內閣的伊藤博文，即遊說他任民政局局長一職。伊藤博文對後藤的注意，肇始於他曾遊說以清廷賠償金推動社會政策一事，另由於新任內閣閣員的陸軍大臣桂太郎也建議起用。桂太郎自明治二十九年六月至十月為止，任職第二任台灣總督僅僅四個月時間，當時特設台灣衛生院，即打算起用後藤擔任總裁。三十一年初，乃木希典的任務失敗，便意圖以後藤任民政局長來挽回情勢，他是伊藤博文和桂太郎甚或兒玉源太郎都中意的人選。由於乃木希典的去職，兒玉——後藤的組合於焉誕生，而其實在台灣總督兒玉源太郎決定起用他之前，後藤新平就已經是內定人選了。

初期經營台灣的窒礙難行

台灣總督府民政長官時代

當時統治台灣有下述的情況。台灣是依據中日馬關條約（下關條約）的結果割讓給日本，以法的觀點來看，在明治二十八年五月條約生效時，台灣就要歸屬日本。然而，這決不是在和平狀況下就可以實現的。不願成為日本領土的台灣住民，一度宣布成立亞洲第一個民主國——台灣民主國，以抵抗日本的統治（參照黃昭堂《台灣民主國之研究》，昭和四十五年，東京大學出版會）。日軍在五月底登陸，六月進駐台北，舉行了始政的儀式，然而在中南部卻遭到激烈的抵抗，到了十一月才終於得以向總司令部報告全島已平定。可是隨後又發生大規模的叛亂，總司令部一直到明治二十九年五月才解散。樺山資紀擔任首任總督（明治二十八年五月至二十九年六月），此時期的總督府始終致力於台灣內部的綏定。第二任的總督桂太郎（明治二十九年六月至十月）則因日本國內政局的關係，在任僅四個月便離職，甚至在台灣只待了十天。接著乃木希典任第三任總督（明治二十九年十月至三十一年二月）時，抗日游擊隊——當時稱之為土匪（編按：台灣稱為「義民軍」）——的問題依然未能解決。若論乃木希典當時的情況，他個人及民政局長的能力都是有問題的。總之，在兒玉——後藤時代以前，連治安問題都不能充分解決，在經營台灣上更不可能有什麼具體的成果。對於統治台灣的基本方針，當時雖決議以法國統治阿爾及利亞時的同化政策為模式進行，不過，實際上卻一直沒有明確的政策。由於統治台灣困難重重，當時甚至有一部分人悲觀地倡議把台灣賣給其他國家。

對自治、慣習的尊重——「生物學原理」

後藤新平對統治台灣初期失敗的原因是如何思考的呢？他以為，一言以蔽之，根本的錯誤在於對慣習的忽視，乃至蔑視。他在就任民政長官之前寫就的〈台灣統治急救案〉（明治三十一年一月二十五日）中言及：「若問何為台灣行政中最迫切改良之要項，如恢復原存在於島上之自治行政慣習，蓋為當務之急。」並有如後進一步之論述。

台灣雖遭滿清政府放任不管，當作「化外之民」，由是之故，反而使其「自治」特別發達。雖與目前近代化之制度有異，然關於警察、司法、稅金等固有之制度已行之有年。此「自治制之慣習」即台灣「民法之一種」。然至今為止之施政者，草率地破壞此一制度，積極地發布新法令整頓之，乍看欲將文明之制度一舉導入，實為其失敗之根源所在。今後之方針，當恢復舊慣，總督府則應以監督者之立場，僅於有弊端時徐圖改良，如是施作，行政不亦簡乎，成效亦即立見。上述是後藤新平的立論。

後藤新平將這個方針向兒玉源太郎說明後，得到其首肯。從而在兒玉到台灣赴任後，隨即中止預定發佈的統治方針之聲明。後藤新平認為，統治必須依據生物學的原理，亦即重視慣習，對此若無充分地研究，縱使陳述概念性的施政方針，也是毫無作為的。

此一「生物學原理」，在後藤新平衛生局時期即為人所知，此亦為其根深柢固的思想理論。往後，後藤新平屢屢強調，統治台灣成功最大的秘訣，即依據「生物學原理」有以致之。

> 欸！絕不能將比目魚的眼睛當作鯛魚的眼睛呀！鯛魚的眼睛在頭的兩側，而比目魚的眼睛卻在頭的同一側，雖然很奇怪，要像鯛魚般把眼睛置放到兩側是不可能的。比目魚的一側有兩個眼睛，在生物學上有其必要才如此的。要是非將所有的魚類的眼睛都置放在頭的兩側，是行不通的。這個概念在政治上也是很重要的。
>
> 社會的習慣或制度這些東西，都是其來有自的，是長時間有其必要下所產生

的。其道理未予辨明，便欲將文明國家的制度強行在未開化國中實行，可稱之為文明的暴政；這種事情是不能做的。

所以，我們在統治台灣時，首先要把該島的舊慣制度，以科學方式詳細調查，順應民情施治。不理解這個道理，就冒然地想把日本的法律制度移植到台灣實施的一干人等，就和想把比目魚的眼睛換成鯛魚的眼睛的人是一樣的，都是些不懂真正的政治為何物的傢伙。

前述這種對當地慣習的尊重，以今日的眼光看來可能不覺得有什麼特別，但是在與「文明」相對的「野蠻」強烈受人鄙視的當時，後藤新平有這樣的看法，可以說是相當與眾不同的卓見。

台灣舊慣調查事業

後藤新平為了徹底尊重慣例，決定展開大規模的調查工作。他在明治三十三年延攬京都帝國大學教授岡松參太郎，自己則擔任會長，於翌年成立臨時台灣舊慣調查會。此外，明治三十六年時，更有同為京都帝大教授織田萬的加入。所獲致的成果如下：《臨時台灣舊慣調查會第一部調查第一次報告》全三冊（明治三十六年）、《同前第一部調查第二次報告》全四冊（明治三十九年至四十年）、《臨時台灣舊慣調查會第二部調查經濟資料調查報告》全二冊（明治三十八年）、《台灣私法》全十三冊（明治四十三年）、《清國行政法》全七冊（明治四十三年至大正三年）等。

其中，織田萬所著的《清國行政法》，受近代中國政治外交史的碩彥評價為「全面而有系統地研究清廷制度之空前絕後的鉅著」（坂野正高〈回顧織田萬的《清國行政法》〉，收錄於《思想》〔一九六二年二月號、六月號〕）。這樣的評價，就調查會完成的其他著作來說，也是相當合宜的。

原本是以政治的目的所開展的事業，但是調查時以學術方法貫串，並有強力的支持，於是造就了留傳後世的文化事業。研究對象的龐大複雜，曾讓織田萬心生猶豫，但後藤新平遊說他，這是為了世界文化而做的工作，也是唯有日本人才得以成就的大事業，他才勉力完成（出處同前）。亦即對後藤新平來說，這些成果不單單是政治的事業，他更因對世界文化有所貢獻而感到莫大的欣喜。

確保治安——游擊隊招降策略

後藤新平及兒玉源太郎即以前述「生物學原理」來統治台灣，但是他面對最大的問題仍是抗日游擊隊。在乃木希典任總督時期，對付游擊隊是採用所謂的三段警備法，此制度即在游擊隊出沒的地區由軍隊及憲兵管轄，在平地及市區街道則由警察管轄，在上述二者中間地帶則由警察及憲兵共同管轄。

三段警備法乍看之下是合理的，但實際上卻是一種非常不合理的制度。首先，軍隊及警察的指揮命令系統是涇渭分明的，其思考的方式更有根本上的差異，雙方交惡是很常見之事。此外，對於滲透在一般老百姓當中的游擊隊來說，正規軍毫無用武之地，就算游擊隊出現了，待軍隊趕至，游擊隊早已不見蹤影。因之，正規軍便對當地的一般老百姓隨意懷疑、施暴。在與游擊隊戰鬥時，由於袍澤被殺，容易產生過重的殺氣，而引起雙方採取勢不兩立的對決態勢；這種情況很多見。

察覺這個缺點的後藤新平及兒玉源太郎，決定廢止三段警備法。兒玉甫赴任不久，即於五月二十五日對地方官訓示時，明示關於警察調度的方針，又在六月三日對軍方幹部訓示時宣告說：「本人的職務在治理台灣，而非征討台灣」。兒玉源太郎把政策做了大幅度的轉換；他認為三段警備法可說是在防衛敵人，是建立在與敵人對決的構想上，與之相反，他讓警察滲透到老百姓當中，把游擊隊孤立起來，同時呼籲他們出來投降。

這種政策的轉換，來自完全不同於以往對付游擊隊的看法。兒玉源太郎在六月時做了如下的訓示：台灣確實自古就有不服從政府的土匪存在，但是現在的「土匪」和以前是不同的，有許多是有財產、受當地居民信賴的人，這種原來是「良民」，後來成為

「土匪」的，有不少人是值得同情的。例如有人親兄弟被日軍錯殺，因此而成為「土匪」的；也有人因日本政府的統治，施行新的制度，原來的權利因之喪失而成為「土匪」的。兒玉源太郎以上的陳述，很明白地否定了把游擊隊不分青紅皂白地當作征討的對象的做法。

這種對游擊隊的觀點，是兒玉源太郎自己原本就有的，或是後藤新平提出的，已不得而知；不過，可以確定的是他們兩人均認同此方針。因之，總督府便開始推展「招降政策」，積極地呼籲游擊隊出來投降，不但對此之前的罪行不再追究，更採行積極地給予工作和資金的方法。「招降」此一政策，是自乃木希典任總督之時期就存在的，但是由於三段警備法及其他因素，沒有什麼具體成效，到了兒玉、後藤時期才開始有成果，特別是後藤新平積極地出席各地舉行的投降儀式，致力於此一方針之發展。

不過，由於這是異民族間的事務，誤解依舊未曾中斷。參與投降儀式的「土匪」當中，有的人誤認為要投降的是帶了資金來的總督府。此外，些微的誤解或糾紛，更曾經使投降儀式演變為流血的場面。

此外，不能遺忘的是，兒玉、後藤新平時期的統治成果，並非沒有經歷流血的過程。後藤新平自述，明治三十一年至三十五年間，被殺害的「土匪」有一萬一千九百五十人（後藤新平〈日本殖民政策一斑〉，收錄於中村哲解析《日本殖民政策一斑——日本膨脹論》（一九四四年日本評論社，六四頁））。特別是明治三十五年時所進行的最後一次大討伐，死亡人數高達四千六百七十六人。這個數字其實包含了普通的犯罪者，此外，死於討伐的人數已確實銳減，一部分的人更轉而在判決後執行死刑，這些事雖然可予以評價，不過，過於殘酷鎮壓也是事實。亦即，兒玉、後藤在採取軟性政策——孤立游擊隊並使之投降——的同時，亦在全台發動對殘存游擊隊的攻擊。總之，據說此方針於明治三十五年，完全鎮壓住游擊隊（許世楷《日本統治下之台灣》，一九七二年，東京大學出版會）。

鴉片漸禁政策

日本統治台灣時，與游擊隊問題並列，最困難的是鴉片問題。明治二十八年十一月，後藤新平任衛生局長時，曾向內務大臣提出關於鴉片問題的意見書，並獲得同意，此為他與台灣發生關係之始。

當時在日本，對於取締、禁止台灣鴉片的問題，存在著各式各樣的意見。雖然台灣總督府認為，循序漸進地實現禁止鴉片的漸禁論是可行的，但是日本國內卻有強烈的反對聲浪，認為以人道的觀點出發，應該徹底嚴禁鴉片。後藤新平對此觀點表示，只有漸禁論才是最合理的政策，並提出種種關於實行層面的意見。

後藤新平提出的方案內容如下：一、鴉片由政府專賣，在各地設置特許藥行，僅販售藥用鴉片。二、依據醫師的診斷來確定鴉片中毒者，中毒者發給折子，只有折子持有者才准予購買鴉片。三、以禁止稅的意涵對鴉片課以高稅率，將收入以鴉片問題為中心，用於改善台灣的衛生狀況。此方案在明治二十九年二月，基本上為伊藤博文內閣所採用，復於三十年一月，頒布台灣鴉片令加以實施。後藤新平於明治二十九年四月擔任台灣衛生顧問，即因為上述原由。

不過，由於乃木希典總對鴉片漸禁論態度冷淡，後藤新平的方案不易推展。待其擔任民政長官着手執行漸禁政策時，先傾全力確認鴉片中毒者，直到三十三年九月終於成功地確定中毒人數。總數是十六萬九千人，這個數字和從鴉片輸入量推估的患者數幾乎完全相符。此後，該數字在十七年後的大正六年時減為六萬二千人，二十五年後的昭和三年時再減為二萬六千人。總督府於昭和十九年停止鴉片的製造，並於二十年廢止專賣制度，鴉片漸禁政策的竟功，花了相當長的時間。

整體來說，後藤新平的漸禁論可說相當成功，因為鴉片的禁止是相當困難的工作。不過，也有批評聲浪指出，應該能提早達成目標。因為應該確實實施的漸禁政策，總督府卻在患者的治療、私自吸食者的檢舉及處罰的執行上不盡嚴格。其理由似乎是，鴉片專賣的收入是總督府的重要財源，因此總督府上下對減少財源收入一事，難於熱衷。

這是專賣制度幾乎不可避免的內在缺點。後藤新平在提倡專賣制度時，據說長與專齋曾擔憂道，帶有收益的專賣制度，可能會演變成總是想多賣一些鴉片的情況。後藤新平構想將專賣收益的用途，限定在衛生方面的目的，以戢止其發生之可能。但是這個想法並沒有實現，專賣的收益仍被當作一般收益。結果演變成，包含後藤新平自己在內，日方似乎都被專賣制度的收益給迷惑了。（參照劉明修《台灣統治及鴉片問題》）

土地調查事業

如前述，後藤一方面忙於游擊隊及鴉片兩大難題，另一方面則更積極地致力於台灣的經營，其第一步即為土地調查的工作。台灣的土地制度極端複雜，首先就開墾來說，獲得所有權的叫大租户（墾首），從大租户獲得耕作權的叫小租户（墾户），而小租户往往把土地借貸給小作人（佃户）。小作人向小租户繳納的小作料叫作小租，小租户向大租户繳納的租稅叫作大租。這其中比較接近土地實質擁有者的是小租户，而大租户是没有權利處理田地的。此外，租稅的比率，大租和小租之比是一比九，乃至三比七。總之，當時台灣的土地制度存在著複雜而多樣的權利義務關係，日本法或歐美法對之並不適用。

並且，台灣的隱田很多，其實際情況在清廷時期都未被全盤掌握。光緒十一年（西元一八八五年）清廷把台灣升格為獨立的省份，首任巡撫劉銘傳雖曾想儘快進行全島測量的工作，但是所到之處無不受到住民的反抗，時而有叛亂發生，這個構想最後以慘痛的失敗收場。前述土地的測量就已經困難重重，還必須把握住原有的權利與義務的關係，將之置換為近代化的關係。前述舊慣調查的主要目的之一，就在於土地調查。

在土地調查事業進行過程當中，明治三十一年七月新設置臨時台灣土地調查局，後藤新平自任局長，後來又就任滿洲鐵路副總裁，進而升任總裁的中村是公則擔任實際負責人，展開了土地調查工作。據說工作開展之時，後藤新平要對部屬發表演說，他說有時也許會到有墳墓的地方測量，但是千萬不可有「這是土著的墳墓，因而無關緊要」的想法，須細心地關懷，儘可能地顧慮到人民的心境。這也是源自他尊重當地慣習的必然考量。

明治三十七年時，土地調查工作已告一段落，總督府斷然採行新的土地政策，將大租戶的權利全部以公債收購，然後將土地所有權均交予小租戶。大租戶從而廢止，小租戶則須負擔前此的小租外加大租的租稅。此外，經過這般調查的結果，發現了大量的隱田，經確認為預估土地的一點七倍。像這樣確認土地相關事項及確保土地所有權，可說是台灣近代化的大前提，也是近代資本主義的大前提。明治三十七年曾目睹土地事業成果的竹越與三郎說，日本在明治七年推行的地租改革，與之相較實「類同兒戲」（《台灣統治誌》）。後藤也誇耀道，此土地調查與鐵路建設、基隆建港並稱建設台灣的三大事業。

二　台灣的「文明化」

建設交通網

後藤新平為了殖民地的發展，在前述穩固統治基礎的作為上推動種種積極的政策，其中他特別側重道路、鐵路、港灣等交通網的建設。這是為了提高統治效率，也是為了發展產業不可或缺的一環。

首先是道路的問題。日本接收台灣後，發覺可稱作道路的東西完全不存在。村落和村落之間，以及村落和城鎮之間，雖然有三十公分左右的小道，然而城鎮和城鎮之間則無相互連絡的省道或國道。如此是不可能寄望政治的統一，就是為了發展經濟也必然有極大的妨礙。

因之，日本決定致力於道路的建設，而後藤新平格外地投入此項建設。他在日後以建設寬幅的道路著稱，其最初表現的舞台即是台灣。後藤新平在民政長官時期所建設的道路，寬度在一間（一點八公尺）的達五千五百公里，一間以上的計二千九百公里，三間以上的有八百公里，而四間以上的則為八十公里。這些多數是由投降的游擊隊，或居民的義務勞動所完成的。

接著是鐵路的問題。清廷統治時期，自一八八七年起花費七年時間，始完成基隆至新竹約一百公里的鐵路。但是，這條鐵路其實非常不完善，經常發生稀奇古怪的情形。如橋樑是木造的，火車一旦駛入陡急的路段，乘客就必須下車推火車，以及乘車費每天均有變動等等。

日本開始統治台灣時，民間即成立了台灣鐵道公司，計劃建設台灣縱貫鐵路。日本政府對此表示歡迎，賦予鐵路舖設權，並無償提供基隆至新竹間既有的鐵路，還有其他許多特權。然而，因戰後經濟不景氣，資金籌集困難，以致工程的進行數度延緩，無法如期完成。

在這種狀況下，到台灣赴任的後藤新平採行官有論，廢除一千萬日圓的台灣鐵路建設計畫，另立了三千萬日圓的計畫。明治三十二年，台灣事業公債法通過，建設所需財源得以確保；此時，後藤成立台灣鐵道部，自任部長，並從日本鐵道請來長谷川謹介，讓其全權發揮所長，推動鐵路事業。縱貫鐵路完成的時間是明治四十二年四月，雖然已屆後藤新平任滿洲鐵路總裁時期，然而實際完成的時間較當初預定縮短了二年，這都是後藤新平等人的努力成果。此鐵路對台灣政治、經濟的統一及發展有極大的貢獻，其經營實績也相當良好。

與鐵路建設同樣為後藤新平所重視的是基隆港的興建。他擴大了以往的計畫，成立了一千萬日圓的大計畫，然而議會並沒有通過這項資金計畫，使之縮小到僅二百萬日圓。後藤新平雖進而提出明治三十五年開始的第二期計畫，這項計畫卻於明治三十九年才通過，並預計須於七年內完成。接著，在第二期計畫完成的明治四十四年時，議會又很快地通過了第三期計畫。由此可印證後藤新平成立大計畫是相當具有遠見的。

充實衛生設備

與交通網的建設同樣受到後藤新平重視的是衛生制度之充實。他曾任衛生局局長時，此原為他擅長的領域。據說台灣當時素以傳染病特多聞名，僅以明治三十年代初期為例，年間感染鼠疫的患者超過四千五百名的就有兩年。

後藤新平推行政策時，其特徵是有計畫、大規模而且徹底的。在衛生問題上，他一開始即看出重點在上下水道的整頓。據說日本統治台灣初期，軍事用的水道只有基隆和淡水二處才有。不過，他起用其衛生局時期之下屬高木友枝後，便開始積極地推動此一衛生事業，更較之日本本土提早完成。

此外，與此一併在主要都市積極推展的是都市計畫，結果使台灣主要都市的面目為之丕變。明治三十七年，初訪台灣的竹越與三郎，對其當時震驚之感有如下的描述：

余想像之台灣首府，即如支那市鎮，在二間乃至三間之狹隘道路上，圓石方石錯落成路，街上污水四流，上水道與下水道混同，市區中豬隻奔竄之地也。然余所見之台灣首府，卻如歐式清潔宏闊之市鎮，街道如東京之道路，或鋪設較東京更徹底之碎石化道路，步道及車道間敷設以水泥、石塊，及如新加坡般深一尺乃至二尺之開放式下水道，以便污水、雨水之疏通。此乃為市區改造之結果，因之余寧信市區改造之必要。

此外，後藤新平所指導的主要的衛生政策中，包含有台灣醫校之設立（明治三十二年）。時值日語教育尚無頭緒之際，輿論一致反對設置醫學教育。這對一個在須賀川修習「非正規」醫學的年輕人來說，在提倡設立學校時，心中當有如何的感慨？總之，想必後藤當時確信此為有助益之事。另外，在醫校獲致成果以前，明治二十九年起，後藤將醫生視為公醫的公醫制度自日本本土導入台灣，此亦為後藤在衛生局局長任內所提倡的政策。

扶植產業

上述建設，以現代的用語來說，即是加強都市的基本設施，以扶植產業的發展。其中，後藤新平花費最多心力的是扶植製糖業，最廣為人知的是他延攬自美歸來的新渡户稻造，派任為殖產局局長。

新渡户稻造回憶道，他赴任後立即到爪哇做砂糖的研究，回台灣後又立刻被要求提出意見書。雖然他表示應多做些調查，但是後藤新平卻說：「然此事實無必要，請於未了解台灣之前即書就！你如知台灣之實況，即目不暇給，而決心改良之策則無可出，請以爪哇所見，眼界高之觀點書就！姑不論可行與否，請以眼界高之觀點書就！」新渡户稻造便提交了以建立嶄新的台灣糖業基礎之〈糖業改良意見書〉。此事之經緯即如上述。

當時即以這種徹底的研究為基礎，改良甘蔗品種、修正耕作方法，更獎勵農民施肥。要讓傳統社會的農民採用新的耕作方式並不容易，然而後藤新平以補助金及其他優厚的保護誘導政策，使得新品種及新耕作方法得以迅速普及，蔗糖產業因而有了飛躍的發展。

後藤新平更力求製糖工廠之近代化及大規模化。對於此一目標，不但台灣居民傳統小型生產者反對，日本的資方也有疑慮，不願冒然來台投資。不過，他聘請山本悌二郎來執行此政策，給予充分的保護，並授權讓他自由發揮，台灣製糖業因之煥然一新。明治三十三年砂糖之年生產額為三萬噸，兒玉、後藤時期結束時達六萬噸，昭和十二年時已突破一百萬噸，太平洋戰爭期間更達空前的一百六十萬噸。不過，這個因素也使得台灣本土的製糖業崩解，及日方強制收購土地等情事發生。

其他產業化的政策不及詳述，總之，以砂糖為中心，台灣的產業開始蓬勃地發展。至少殖民台灣已不再對日本經濟造成負擔，反而帶來極大的經濟利益；就這一點來說，台灣在所有日本殖民地當中，是絕無僅有的。

台灣的文明化

明治三十九年七月，日本政府內定後藤新平就任滿洲鐵路總裁，在他的備忘錄中有對部屬訓示的提要，其中列舉出經營台灣的要點，可以說是他臨別台灣時的贈言。在一開頭他就強調「自然地理學之考察」及「生物學之考察」，可說是非常後藤新平式的內容。令人感興趣的是，在備忘錄的最後，他突然寫了一句「應圖雅趣之發達」，毫無脈絡可尋，究何所指無法得知。

後藤新平到台灣赴任，很快地便建設起巍峩的總督官邸①，被號稱為台灣的阿房宮。不過，後藤新平反駁說，他真正想蓋的是總督府附屬的歌劇院。其目的是想以高大的建物來威嚇台灣的居民。此外，他也想以總督官邸為基準，大幅提升官舍之水準。他認為不這樣做的話，很難從日本招聘有能力的人來台。不過，除了上述實用的目的，想必後藤新平也從中對台灣的文明化獲得一種單純的自我滿足吧！

都市計劃等方面可以說也有同樣的狀況發生。上下水道的建設確實是營造健康環境及確立產業基礎的一種手段，而都市建設也是身為統治者的日本人藉以炫耀其能力的一種手段。但是不僅如此而已，對於曾在柏林及慕尼黑學習，在倫敦及羅馬出席國際會議的後藤新平而言，都市的美觀及威儀即是文明的表現。後藤新平對西洋文明雖一心嚮往，當時卻未能隨心所欲地學習，那樣的經驗想必已使他認為，成就亞洲一隅之地的文明化是足以誇耀及喜悅之事。因此，台灣的發展不僅建立在實用上，亦必須是「雅趣之發達」。若非如此，台灣就沒有資格擠身文明國家之列。在研究後藤新平的施政方針時，不應忽略這一點，而單純以為這只是他在施政時的巧思。

後藤新平的政治手法

後藤新平一旦獲得了前述令人驚異的成果，他會採取何種政治手法呢？其政治手法又有何特色呢？以下將嘗試對此做一探討。

首先是關於後藤新平和兒玉源太郎的密切關係。兒玉認同後藤的能力，全權讓他在施政上自由發揮；相對地，後藤對於細節也非常留意，以確實獲取兒玉源太郎的信任。據說後藤平日即出言不遜，時而傍若無人、為所欲為，但是他對兒玉的態度卻異常恭敬，遣詞用字極盡慇勤之能事，睡覺時兩腳也絕不會向著總督官邸。此外，即使是很小的決定，後藤也經常徵詢兒玉的同意。當然，後藤並非靠阿諛奉承，而是以政策能力來獲得兒玉的信任，但是後藤心中非常清楚，得到兒玉的信任這一點，對他來說是絕對必要的，因此他在這一方面花了十二分的心血。

據說兒玉源太郎曾數次想要把台灣總督的位子讓給後藤新平，特別是他在明治三十六年秋辭去台灣總督，就任參謀次長之職時就有此打算。為此之故，他甚至想修改總督的武官制（總督必須是現役上將或中將），但是聽說後藤新平固辭不受。據說，大正五年有人認為台灣總督已可派用文官。後藤新平對此反對說：「武官除對新附之民展現威儀外，復有摒退黨員干預之意義，實非常合宜。」再加上他認為以兒玉源太郎這樣強勢的軍人做總督，除了在預算獲得方面，在動員內閣及議會上也是有利的，此外對軍方也有抑制的作用。

其中最重要的是抑制軍人的跋扈。例如，為了成功對抗游擊隊，在背後牽制軍方絕對是必要的，而一般人的認知，也以為兒玉源太郎強勢的領導是極為有效的。以兒玉源太郎在明治三十一年六月的訓示中，對三段警備的批判之類的言辭，是不可能出自其他人之口的。總之，為了抑制軍方的跋扈，最重要的是要有恢宏政治視野且具影響力的軍人的協助。

其後，後藤新平設法親近陸軍指導者桂太郎及寺內正毅，可說最重要的理由即在於此。昭和時期的軍人大多一味堅持陸軍本身的觀點並計較其利害得失，與這類型的軍官相對的，是以長州閥為背景，在甲午、日俄戰爭中擔負日本存亡命運的桂太郎、兒玉源太郎、寺內正毅等人，他們都是具有大格局的軍人政治家。爾後的吉田茂親近寺內正毅、田中義一、宇垣一成等人，其理由和後藤近似。

再者，後藤新平在對付軍方以外的勢力時，他想招攬的人，通常也都深具影響力。因此，說服他們以壓制他們背後的反對勢力，亦是他經常採行的方法。所以，站在組織的立場發言、行動的人，對後藤新平來說是最難對付的。原敬雖具影響力，但決不會偏離政友會的立場，在這一點上他與後藤新平是不合的。而在堅持財政均衡原則這一點上，除了阪谷芳郎之類的例外，大多數大藏省（編按：掌管財政、金融事務的中央行政機關，一八六九年創設）的官僚也都持與後藤不同的主張。

換句話說，對後藤新平而言，政治力只是借用的一種東西。從這個時期開始，他對建構自我強大的勢力一事，比較不感興趣。這是他身為日本政治人物，非常罕見地成就許多事功的緣故，也是他作為政治人物，卻未曾握有最高權力的原因之所在。

後藤新平身為上司，也和他輔佐兒玉源太郎時一樣，是徹底的人材本位主義。他在全日本蒐羅有才幹的人，經常以強制的方法挖角，盡可能地給予高薪，繼而信任其能力並全權交付其工作。在招聘新渡戸稲造時，由於任官資歷的緣故，只能以五等官任用，然而後藤新平強勢地說服大藏省發給他一等的薪俸，這是前所未聞的事。

在行政機構方面，後藤新平經常大膽地「除舊佈新」。在執行大的事業時，他往往會成立臨時性的組織，且自己兼任該組織之首長；土地調查等即是代表例。他成為該組織名義上的負責人，目的是為了防止其他干涉，並讓下屬充分發揮能力。這類事業的規劃是他非常擅長的部分。

從另一個角度來看，後藤新平也經常提防官僚組織肥大化一事。他到台灣赴任之後立即大幅進行行政改革，及大量裁減人員。他這麼做，一方面是為了將省下的人事費用，用來募集有才能的人，此外，也是為了推動意識革命及活化組織。總之，對後藤新平來說，組織是因事業而存在的，依目的的不同而做更替是理所當然的。他為了事業的成功，對官僚組織權限之紛爭、肥大化等傾向等，經常必須與之對決。

後藤新平這種能力本位主義的想法，反過來說，可能就是對平凡的人冷漠以待。往後被稱為後藤派者，即以台灣、滿洲、鐵道院為中心形成的人脈，這些人個個都是技術型的政治人物，與其說他們對組織忠誠，不如說是一群為了規劃的事業而行動的人。因之，後藤派的名聲雖很響亮，但他們動員組織的力量有限，而後藤新平以他們為後盾的政治力，也是有其極限的。

後藤新平的性格

後藤新平在台灣的時期，身高五尺四寸（一六三・六公分），體重十九貫三百（七二・四公斤），以今天的標準來看，可說是肥胖矮小，但是在當時卻是儀表堂堂的體形，特別是兒玉源太郎只有一百五十公分高，所以後藤新平的體格顯得格外醒目。兒玉源太郎對此非常在意，非常討厭和後藤新平合照。據說有一次，他們兩人要合照時，剛好有箱子讓兒玉站在上面，才把身高拉齊。

後藤新平也對自己的健康非常自豪，自認為精力過人。他在晚上十二點就寢，即使有時過了半夜一點，也必定在凌晨四點至四點半起床。他以早晨散步為樂，視之為每日必做的功課。他從不喝酒，不過食量卻很好，始終精力充沛。

此外，後藤新平本來是眉清目秀、皮膚白淨的美男子。在名古屋時期自覺很難為情，所以蓄了絡腮鬍予以掩飾。但是絡腮鬍看來邋遢，給人的評價很差，留德時，後藤被朋友捉弄，修整成當時最流行的八字鬍。這個造型卻意外地和他非常相襯，據說他終其一生都沒有改變過其髭鬚的樣式，每兩天就到理容院修剪一次。到了殖民台灣時期，他更戴起也是當時最流行的夾鼻眼鏡。

後藤新平對服裝也非常講究。他在須賀川時期，由於生活貧困，甚至可說是衣著骯髒，但是從名古屋時期開始，就對服裝很講究。在衛生局時期帶點「鄉紳味」，在留德時期作風粗鄙，到了殖民台灣時期則變得中規中矩，佩戴上勳章，穿上正式的服裝，顯得儀表非凡。不過，講究、有品味這些形容詞並不適用在後藤新平身上。基本上他是一個鄉下人，只不過他像小孩子般，喜歡新的、稀奇的或金光閃閃的東西罷了。

茲以自行車為例，說明他喜歡新事物這項特質。在台灣還只有二、三台自行車的時候，後藤新平很早就訂購了一台，有一段時間，他將與夫人和子清晨一起騎乘當作日課。這件事大概讓和子感到很為難，因為如果民政長官的夫人被人撞見騎自行車摔倒實在很狼狽，所以非在晚上練習不可。另外，在女性關係上，後藤新平也同樣喜歡嘗新；這一點似乎也帶給和子很大的困擾。

另一個他喜歡新事物的例子是「留聲機」的導入和普及。後藤新平唱了兩首自己作的歌謠「新高山」及「世界之友」，並自費送到美國哥倫比亞公司製作成唱片，之後把唱片發送到全島，臉皮實在很厚。另外，「活動寫真」（編按：電影的舊稱）亦復如此。當時，活動寫真連在日本都還很少見，後藤新平卻從美國引進，在台灣各地放映，還請總督府的高官充當默片解說員。

總之，後藤新平對新的事物有旺盛的好奇心，他在信仰「生物學原理」的同時，也相信文明的進步，常欲將新事物據為己有。如此積極進取的秉性，即是他種種超卓構想的泉源。

後藤新平非常熱衷與他人會面，也喜歡和別人議論，這些都是他求取新觀念的作為。後藤新平亦曾組織過讀書會，其目的也不脫於此。只不過，從其他人獲取閱讀的精髓，似乎才是他組織讀書會的核心目的，至於他自己是否認真地閱讀則頗令人懷疑。據說他常閱讀德文書籍，但這件事更令人置疑。

後藤新平雖然擅長發想，不過要他把新觀念整理後向其他人說明，就非他所能勝任的了。在後藤大多數的意見書中，都充斥著誇張的文字表達、冗長反覆的敘述及跳躍式的理論陳述，非常不易閱讀。雖然其中包含許多超卓的觀念，但是所有的觀念相互撞擊後就變得混沌不明了。

後藤新平在演說時最易顯露他表達能力不佳的缺點。現在還保留有他在大正末期演說的錄音帶；在同時期的政治家當中，像他一樣講得如此糟糕的人應該很少見，由此可見其拙劣之程度。

後藤新平在與人互動的關係上也有同樣的問題。最為人知的是他經常對人大聲斥責，不過隨後就雨過天晴了。此外，他對屬下非常體恤也是眾所周知。受命去處理困難任務的年輕下屬返回復命時，他會讓下屬和他一齊洗澡，以慰勞其辛勞；許多這一類後藤新平的逸事至今仍在流傳。總之，他是一個無法把自己心中的真意，很有條理地敘述出來的人，即使想酬庸下屬，腦海中所浮現出來的，也僅是一齊洗澡這類物質方面的念頭。

從後藤新平的閱讀以至於演說，他的缺點一言以蔽之就是沒有學問。德富蘇峰曾表示他對後藤新平的看法，說後藤欠缺訓練有素的思維（trained mind），這個說法可以說是一箭中的。

但是即使如此，仍不能否認後藤新平的言行舉止有其豪爽、痛快的一面，甚至還稍帶些野蠻。所以，明治三十九年四月，他因統治台灣的功績受封為男爵時，有人又愛又譏諷地稱他為蠻爵。

三　清廷與美國和清廷的關係

後藤新平在那個時代，並非僅僅埋首在台灣的事務中。當他推行台灣文明化的時候，其視野更向世界展開。從而，他更因為其所從事的台灣之經營，開始參與更現實層面的外交問題。

當時日方關注台灣，鮮少因其本身的經濟價值，而多視之為前進中國大陸的跳板。以第二代總督桂太郎等為例，這種傾向非常顯著。與之相較，後藤新平就少有這樣的傾向，一開始他所關心的即是改善台灣的治安及發展台灣的經濟。

不過，後藤這種施政方針卻反而使台灣與大陸的關係密切且具體地浮上抬面，也因而使他必須面對大陸，處理相關的問題。即因後藤在專心致志於台灣的經濟問題時，察覺到這些問題掌握在福建省的鄉紳手中，而台灣是大陸經濟圈的一部分。後藤在明治三十一年秋時，在意見書中敘述此事道：「余今鑽研之結果，……余須指出，台灣經濟之中心其實在對岸，即在清國。」

自此以後，後藤新平一方面不斷地嘗試把台灣的經濟從大陸獨立出來，另一方面則打算利用以往的關係，積極地向大陸發展。例如他主張應儘速設立台灣銀行福建分行，並分割台灣銀行一半以上的資金置於該處。如此一來，與大陸相關的經濟問題便具體地呈現在後藤新平面前。為此，後藤在明治三十三年四月首次訪問福建省。

然而，此後僅數個月時間，由於義和團事件擴大，蔓延到清廷勢力所及之南方，台灣和大陸間發展出複雜的政治關係。兒玉源太郎總督在此事態發展之際，有下述的期望：「利用此清廷北方之事變，以我帝國之恩威，至少保持福建省之平穩，以確保勢力範圍，莫成為他日國際問題之根由。」後藤新平的意見應該也與之相彷。

動亂後來也波及福建，日本以廈門本願寺的傳道所被焚為藉口，派遣陸戰隊登陸，甚至還一度決定占領廈門港。後藤新平為了準備出兵，八月二十三日曾偷渡至廈門，然而最後他卻接到立即中止計畫的命令。日本政府惟恐與列強發生紛爭，採納了伊藤博文等人的主張，在最後階段猶豫不決。焚燒本願寺其實是日本人所為，整個事件已被英美洞悉。後藤新平的大陸發展論，遭逢現實上艱難的國際關係，最後以失敗收場。

廈門事件以一般意涵的外交來說，可說是後藤新平首次的體驗。此事件之後，他多少有了些收穫，或更確認了某些想法。

首先，後藤新平把廈門事件解讀成日本面對列強的敗北，他認為中國大陸是國際間激烈競爭的地域，而日本是敗者，英美是勝者。在這一點上，他認為唯有對外發展，才是國家、民族生命力的直接表現，並且絕不允許在對外發展上後退或停滯不前。從這次的事件，他更確認了上述的想法。

其次，後藤新平痛悟到，若無強大的經濟力為後盾，斷然要到中國大陸發展，是非常困難的。眾所周知，此後他主張對外膨脹論，但是實際上他卻幾乎不曾主張行使武力。後藤新平在廈門事件後，反過來訂定與大陸經濟關係更加深化的政策，他致力於日本與清廷合辦的三五公司之設立及經營、福建的樟腦事業與潮汕鐵路的經營。而且，他所堅持的不僅是堅持形式上的專賣等，他依據「與鄉紳共同合作之方針」，建構成實質上對外發展原動力的經濟關係。

帝國主義的美國

在廈門事件中，美國以嶄新的態勢進入後藤新平的視野。從此以後，他打從內心深處開始注意美國，以制定他的對外政策。對於美國做為東亞地區之新興殖民帝國，其勢力之抬頭，在此略述其梗概。

美國之所以踏上帝國主義之路，源自於一八九八年（明治三十一年）的美西戰爭。戰後美國不僅強化了從加勒比海到整個美洲大陸的影響力，更佔領了菲律賓、關島，奠定其在亞洲太平洋地區的勢力。

原本美國境內對此事態的發展也曾有過強烈的反對聲浪。因為美國是一個反對統治殖民地而成立的國家，所以他們不但反對名義上不採取殖民地的形式，實際上卻將帝國主義的影響力加諸於周邊地域的做法（informal empire），更相當排斥正式保有殖民地一事（formal empire）。特別是在地理上或人種上極不可能與美國融合的地方，想要推動殖民化，更使美國排斥不已。一八九八年夏至一九〇〇年秋的總統大選期間，一直圍繞著領有殖民地的爭論，進而引發「帝國主義論爭」風潮即是上述原因所造成的。然而，一九〇〇年秋天的美國總統大選，威廉・麥金利總統（副總統老羅斯福）競選連任，結果威廉・J・布萊安敗北，美國帝國主義自此在其國內變成主流。

美國佔有菲律賓，是在甲午戰爭後日本接收台灣僅三年之時，湊巧也是後藤新平到台灣赴任的那一年。且菲律賓隔著巴士海峽，就位於台灣的南方。美國其後遭遇菲律賓的獨立運動，一九〇二年時才確立其在當地的統治權。兒玉、後藤亦於同一年鎮壓住「土匪」。日本在台灣，相對於美國在菲律賓，兩個新興帝國主義國家，隔著有限的距離展開殖民地經營的競爭。

一方面，美國對中國大陸，在一八九九年九月國務卿約翰・希斯發表了著名的門戶開放宣言，進而在一九〇〇年七月，亦即義和團事件如火如荼的時刻，發表了第二次宣言。在宣言中，「領土及行政之保全」的新要素被加入，美國反對進一步統治清廷的主張更為明確。兒玉源太郎及後藤新平所計劃的出兵廈門，於第二次宣言發表的次月付諸行動，與美國的政策恰好針鋒相對。

美國和英國共同抗議日本出兵廈門的計畫，是他們想派遣軍艦，讓陸戰隊登陸，以恢復廈門的秩序，並貸款給清廷。由於美國的干涉使廈門事件無法成功，其作用可能無法超越英國，但是卻足以與之相提並論。英國在中國的活動已有很長的歷史，有這樣的盤算並不足以為奇。與之相較，美國在中國的活動快速地進展才是應予注意的。後藤新平認為牽制廈門出兵的核心是美國，以這個意義來看是合理的。總之，他把台灣和菲律賓殖民地的競爭等量齊觀，必定強烈地意識到日、美二國間在福建與中國全體之競爭態勢。

美國總統大選的結果麥金利獲勝，是該年秋天之事。麥金利卻在第二年的秋天被暗殺，較明確地採行帝國主義立場的羅斯福繼任為總統。後藤新平對此事不可能不予以關注。事實上，從這個時期開始，在其周遭與美國有關的話題便多了起來。

新渡戶稻造辭去札幌農校教授之職後，在美國靜養同時撰寫「武士道」一書，一八九九年秋天接受後藤新平的邀聘，在歐洲考察了一年後，於一九〇一年（明治三十四年）二月到台灣赴任。後藤和新渡户在實際的工作以外，彼此之間也有深厚的情誼，且終生未間斷。日後後藤新平兩次至歐美旅行，受邀隨從的都是新渡户；後藤為紀念兒玉源太郎，與志願者一同在東大捐款成立的殖民政策的講座，最初擔任主講者的也是新渡户。

這個時期另有一位與後藤新平交情深厚的美國通——星一。星一與新渡户稻造也有交誼，他在哥倫比亞大學苦學出身，後來創辦小型英文雜誌；他與後藤新平會面是在一九〇二年春天之時。後藤新平稱呼星一為「美國人」，喜歡問他有關美國的事情，兩人亦維持不綴的情誼。此外，到了大正時代，他身邊的美國通又多了成為其女婿的鶴見祐輔及岩永裕吉等人。在同時代的政治家當中，其周遭有如此多美國通知識份子是很罕見的。後藤新平雖在德國留學，與俄國關係匪淺，但實際上，一般人多認為他對美國的關心，以及接受來自美國的影響應最為強烈。

一九〇二年六月，後藤新平讓星一先出發，新渡户稻造其後跟隨他一起到歐美旅行。他初次到美國看到什麼？有何感想？很遺憾並無詳盡的資料可得知。不過，為人所知的是，他對美國的自然景觀等完全不予關心，他此行的目的雖以殖民政策相關的視察為主，但他同時也留意層面更寬廣的產業文明之全貌，對美國在此一方面發展之現況留有強烈的印象。對後藤新平來說，美國與德國一樣，都是不斷快速發展，生命力旺盛的有機體。由於同行的新渡户稻造深受英國社會學家暨哲學家史賓塞社會進化論②的影響，可能因此更強化了後藤的這種看法。總之，後藤對英法等國並不重視，對他來說，去考察威廉二世統治的德國與老羅斯福總統治理的美國，才是重要且必然的。

後藤新平與老羅斯福

後藤新平此後給予老羅斯福極高的評價。他在明治四十一年十一月《實業之日本》所刊載的〈余所觀之羅斯福〉一文中描述道：「余平生觀今美國總統羅斯福，景仰其奮鬥的勇者典範風采，不辭予其至高之敬意」；另外，在加州發生日本僑民受排擠的問題時（一九〇六年），他對老羅斯福當時所持的態度有以下的評論：

> 三藩市曾發生日本學童遭排擠問題，羅氏慨然不平，於其咨文中斥三藩市民行為失當，論應尊敬日本國民之因，堂堂之運筆，凜然之正氣，實不可擋。余時思之，其人格之美、理性之高，足堪與日月爭輝。……縱因輿論之故，其言論不免有被牽制之嫌，然其訓飭國民行為失當、尊重日人之公正態度，任何人皆應視其為勵行「真理」之本義。

「足堪與日月爭輝」是至高的讚譽之辭。被說話惡毒的後藤新平如此讚譽的人，除了老羅斯福之外，就只有俾斯麥和福澤諭吉了。後藤對老羅斯福如此著迷，對他來說老羅斯福是理想的政治家形象。因為他在老羅斯福身上發現了，做為絕對的指導者——醫師，絕不會被輿論——患者的聲音——所迷惑的特質。後藤將其內在存在的東西解釋成一種武士道精神。

羅氏其風采、神態、嗜好，宛如具古代武士之風。……羅氏開口便言說美國之風尚；是人武士道之精神，抑或武士道精神之原貌，以科學解剖之，實一切生物保其自體生存之道。窮鼠齧貓即鼠發揮其武士道精神之故。英國具英國之武士道，德國具德國之武士道。羅氏之美式武士道，乃尊重自由、重視正義、宣講國民奮鬥之生活、鼓吹人類向上之精神。每值一問題發生時，羅氏力行其奮鬥之教訓絕不中止。其人格何其高潔，思想何其穩健。

在此，後藤新平把「武士道」視為為了各民族生命力之發展，及全人類文明之發展而奮鬥的精神，他論述各民族依從其各自不同之歷史特質，因此擁有各自不同的「武士道」精神，並認為老羅斯福是美國「武士道」精神的代表。日後後藤新平雖屢屢主張向美國抗衡，但從其上述思想觀之，日美彼此並不是完全無法相容的死敵，而是立足在同一原理上的相互競爭者，也是值得相互批評、尊敬的對象。

後藤新平以新渡户稻造和義和團事件為契機發現了美國，同樣地老羅斯福也以此二者為契機發現了日本。眾所周知，老羅斯福對新渡户稻造的《武士道》一書感動不已，此外他開始強烈地關心日本的對外政策，也是透過義和團事件。二新興國帝國主義國家在相互競爭的同時，彼此之間也有所激盪。

日俄戰爭

如前所述，後藤新平透過經營台灣發現了清廷，透過義和團事件發現了美國，而在其殖民台灣時代的末期，接續前述這些狀況，在他腦海中留有巨大影像的，當然是俄國。

後藤新平對日俄戰爭的言行當中，首先受到注意的是，他在戰爭初期主張引導國際關係以獲益，特別是他主張應主動招致對日本有利的各國之干涉。其次是後藤新平主張應推動國際輿論，站在有利的立場募集外債。在此特別值得重視的是，他藉由在美國的宣傳，煽動美國猶太資金的反俄情緒。此外，後藤新平在籌備普茲茅斯會議期中，把自己的立場律定為「所謂軟之又軟者」，並不堅持領土或補償金之獲得，而主張實現早期講和。

其實這些政策大概都是政府指導者實際上已在執行的政策，談不上特別有獨創性。不過，利用猶太體系之金融資本等構想，對他這樣一位殖民地高級官員來說，則不得不歎服其洞察力。

特別值得注意的是早期講和論。這並不單是因戰鬥力匱乏所持的理由，後藤新平主張與其因為過於苛刻的講和條件，造成俄國的積恨，以及失去列強的同情，寧不計較物質上之利害得失，唯有「將國家聲望、地位據於列國關係之要衝」才是重要之事，而此一情事「非膚淺貪欲之教條主義能成者」。在此順便一提，在此類對外政策的先驅之中，能令後藤新平想起的人物，就是俾斯麥及老羅斯福二人。

在上述的主張當中，我們可以發現後藤新平已將其「生物學」的政治觀，運用到實際國際政治上。此外，如前所述，此後後藤新平持續關心的諸外國，即德國、清廷、美國、俄國，皆在其對外的認識當中一一登場。在此，其對外政策之雛型可說已約略形成，從而，後藤新平在繼任的滿洲鐵路總裁時期，終於正式以對外政策指導者的身分出現。

編按

① 總督官邸於一九〇一年完工，台灣光復後，改名為「台北賓館」，為一巴洛克式建築。

② 社會進化論又稱為「社會達爾文主義」。史賓塞（Herbent Spencer，1820-1903）將達爾文所提出的物競天擇的進化論套用在社會現象上，他認為適者生存的原理和自由放任主義是促成社會持續進步的動力。十八世紀末至十九世紀初，此理論加速了帝國主義的發展，各帝國主義國家紛紛名正言順地競相爭奪殖民地。

第二章

1906–1907

滿洲鐵路總裁

一 就任總裁

日俄戰爭後的政治狀況

明治三十九年十一月，後藤新平從台灣總督府民政長官轉任新成立的「南滿洲鐵道株式會社」（滿鐵）首任總裁。在述及後藤新平就任總裁之前，應先了解當時國際及日本國內的政治狀況。

日本在日俄戰爭中獲勝，在世界史上是具有重大意義的事件。首先是在非西洋諸國的國家主義上點起了火苗。第二次世界大戰後陸續獨立的各個國家，其領導人有不少在年少時因得知日本在日俄戰爭中獲勝，而懷抱莫大的希望。其次，日俄戰爭升高了俄國周邊地區的緊張情勢。一八七〇年普法戰爭以來，在歐洲很不尋常地保持了長時間的和平，這和歐洲列強積極地向歐洲以外的地區發展有關。然而由於日俄戰爭，列強各國對外的經營踩了剎車，開始回歸到歐洲及其周邊地區。從這個意義看來，日俄戰爭可說是

第一次世界大戰爭的遠因。日俄戰爭就上述這兩個意義來看，正意謂著歐洲沒落的開

就任滿鐵總裁

日俄戰爭對近代的日本來說，也是一個重大的轉捩點。對在此之前的日本而言，最大的課題是確保獨立。暫且不論日本的獨立是否深受威脅，朝鮮半島若受強大的第三國統治，日本的獨立將顯得岌岌可危；這是大多數政治家、官僚及老百姓的普遍認知。從這個意義看來，以往日本對外政策的課題較為簡單明瞭。而這樣明確的對外政策目標，反而因為日俄戰爭的勝利而喪失了。

不但如此，當政者身邊也起了相當大的變化。日俄戰爭以前，曾有過明治維新原始經驗的元老，仍在政治的第一線上努力，危急之際，可以團結謀動。但是戰後元老退到第一線之後，年輕的政治家時代翩然而至。這些新出頭的政治家當中，桂太郎及西園寺公望很快地也受了元勳的待遇。不過，這是明治國家孕育出來的元勳，與打造明治國家的元勳完全不同。前者在國家機構已進入官僚化的時代，與前世代相比，他們被各個不

同背景、立場炯異的組織強力地束縛住。從這一點來看，對國家目標要達成一致的意見，就變得更加困難了。

其次，先審視日俄戰爭結束（明治三十八年九月）之後，圍繞日本的具體國際環境。首先俄國強大如故，是一個需要非常警戒的對象。正如山縣有朋在普茲茅斯會議前夕所寫的〈戰後經營意見書〉當中所述：「此番最宜將之視為和平期稍長之休戰」，日本人民心中普遍仍憂心第二次日俄戰爭爆發的可能。

另一方面，日本和清廷的關係正不斷惡化。清廷在日俄戰爭中，對日本比較有好感，係因為俄國占領滿洲，對清廷來說是最大的威脅。日本在日俄戰爭後占領滿洲南部，成為新的威脅，清廷沒有理由仍保持親日的立場。而且，日本的勝利造成非白人地區國家主義興起，中國境內亦不例外。再加上，膚色與己相同的日本人，卻像白人一樣占領滿洲，著實令清廷無法忍受。總之，清廷對日本的態度，比日本預測的還要強硬得多，日本經營滿洲時，兩國之間的糾紛層出不窮。

另一個重要的變化是日美關係的惡化。美國在日俄戰爭當時對日本原懷有好感，不過，那是因為俄國想要占領並封鎖滿洲，而日本則主張門戶開放的緣故。然而，日本在戰後卻不打算輕易地開放滿洲，引起美國國務省強烈不滿，英國亦有相同的反應。英國雖是日本的同盟國，但是對日本在滿洲的封鎖政策，仍表示不滿。

因之，日俄戰爭後，日本在的國際關係上的處境非常艱難。只要俄國的威脅仍在，日軍即不可能主動撤銷軍政、開放滿洲。不過，清廷不可能接受這樣的理由，英美對日本的批判也更為強烈。雖然如此，當時要是滿洲就這樣直接開放，經濟力貧弱的日本可能會立即大幅衰敗。

明治三十九年五月，元老、首相、軍事首長等，網羅了當時具有最高實力的人，針對滿洲問題展開協議，其目的係對所衍生的困難加以處置。會議在對英美的批判而神經緊繃的元老伊藤博文的主導下進行，決定迅速撤銷軍政及開放滿洲。但是，這樣做並不表示承諾自滿洲撤退；取代軍方，支持日本國勢的組織還是必須存在，扮演這個角色的即是滿洲鐵路，其創立事宜自此時起快速地進行著。

滿洲鐵路的起源

滿洲鐵路是如何產生的呢？

日本由於在日俄戰爭勝利的結果，在明治三十八年九月簽訂的日俄講和條約（普茲茅斯條約）中，自俄國獲得了滿洲南部二項重要的權益，其一是旅順、大連的租借權，另一個是長春至旅順、大連間的鐵路權。由於這兩項都是俄國自清廷獲得的權利，權利讓渡給日本，必須取得清廷的承諾。如是之故，在同年十二月日本與清廷簽訂了與滿洲有關的北京條約。

這條鐵路有如次的歷史。最初，俄國在一八九六年自清廷手中獲得了從西伯利亞鐵路那端，舖設橫越中國領土到達沿海省份，長達八十年的鐵路權。一八九一年開始動工的西伯利亞鐵路，依據當初的計畫，是從貝加爾湖，經赤塔，續轉東進（後貝加爾鐵路）；另一條則沿著流經中俄邊境的阿穆爾河（黑龍江）北側（阿穆爾鐵路），再從哈巴羅夫斯克沿烏蘇里江南下到海參崴（烏蘇里鐵路）。但是這條阿穆爾鐵路為了到達太平洋，繞了很遠的路，工程也相當困難，因此俄國考慮建造從中國境內通過的路線，並獲得了這條鐵路的經營權。基於這個權利的獲得，一八九七年成立了東清鐵路公司。

一八九八年俄國進一步獲得遼東半島的租借權的同時，也獲得了從東清鐵路的中心都市哈爾濱至遼東半島的鐵路舖設權。眾所周知，遼東半島是三年前由於俄、德、法三國干涉，從日本手中歸還給清廷的領土。俄國想要在這個半島的旅順建軍港、大連建商港，計劃藉此與哈爾濱串連起來；此即為東清鐵路的南部支線。俄國長期夢想向太平洋發展及取得不凍港旅順，至此獲得了實現，也成為統治滿洲的大好契機。

這條南部支線（九百七十公里）雖只有約主線的三分之二的長度，但是如前所述，它擔負著極為重要的任務。實際上，工程完成的順序是從哈爾濱以西的主線開始，其次是南部支線，最後才是哈爾濱以東的主線（一九〇三年完工）。若以此意義視之，可將

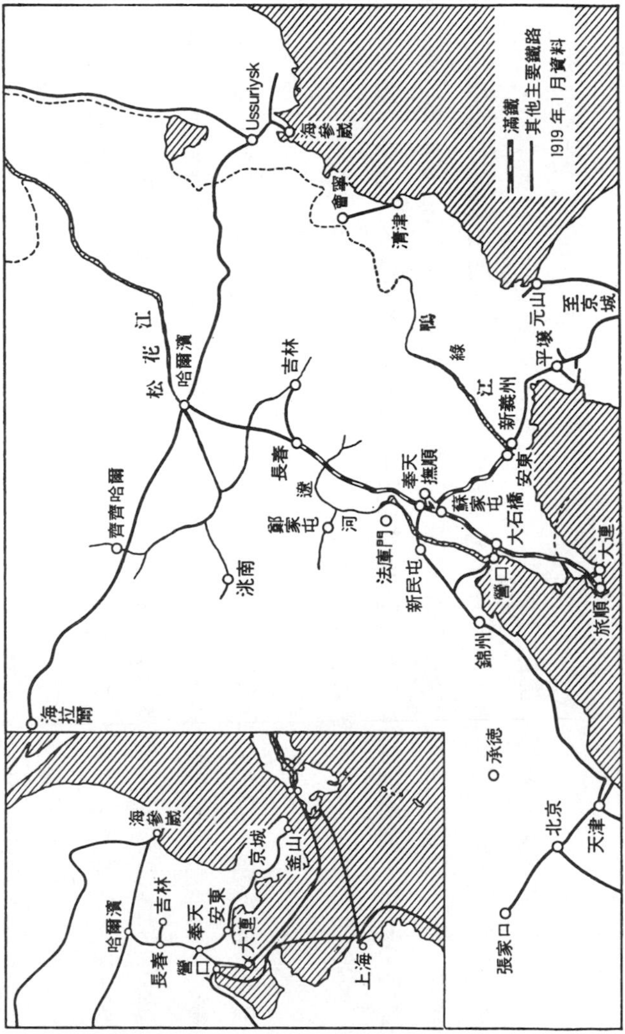
滿鐵
其他主要鐵路
1919年1月資料
Ussuriysk
海參崴
會寧
清津
元山
至京城
平壤
鴨綠江
新義州
安東
松花江
哈爾濱
吉林
長春
奉天
撫順
蘇家屯
大石橋
遼河
鄭家屯
法庫門
新民屯
營口
大連
旅順
錦州
齊齊哈爾
洮南
海拉爾
承德
北京
天津
張家口
海參崴
哈爾濱
吉林
長春
奉天
安東
京城
釜山
營口
大連
上海

西伯利亞鐵路——哈爾濱——旅順、大連視為主線，而哈爾濱——海參崴視為支線。

東清鐵路以鐵路營業的名目，獲得了貫串全線的路基、其兩側的隙地，更可購買主要車站周邊的廣大土地。這些土地被稱為鐵路附屬地，置於東清鐵路的行政權下，清廷實質的主權就此被排除了。此外，東清鐵路除了鐵路業務以外，也獲准開採礦山及其他業務；甚而，以確保鐵路的安全為名目，亦獲准在一公里外駐守十五名兵力的權利。

總之，東清鐵路並不是單純的鐵路公司，它是附帶有許多事業的聯合企業，也是有行政權的地方政府，並且擁有軍隊，也擔負部分與清廷的外交事務，幾乎算是一個殖民地政府。

日本獲得東清鐵路南部支線的部分，為長春至旅順靠海段，約全長的四分之三，計七百餘公里，另外日本還獲得所有鐵路附屬的全部特權。在滿洲南部，除上述旅順、大連至長春線以外，另有一條相當長的路線，即自安東至奉天，面對朝鮮國境，日本軍在戰爭中以軍事目的修築的二百餘公里之安奉線輕便鐵路。有關經營這條安奉線的權利，在明治三十八年十二月北京會議中進行交涉，清廷被迫給予日本十八年的經營權（軍隊遣返一年、改良工程二年、經營十五年）。

在北京會議前，十月二十七日時，桂太郎內閣就決定了太連至長春線及安奉線，以一個公司的型態來經營，並儘量仿效東清鐵路的前例。當時雖然有人提出鐵路國有論，但在這個階段被否決了。全部情形如前述，為了暫時維持軍政，便延遲鐵路公司之設立，然而明治三十九年五月時，確立提早撤銷軍政的方針後，設立公司之事便成了當務之急。六月七日，有關南滿洲鐵路株式會社的敕令發布，昭示滿鐵以半官半民株式會社之型態設立。但是這個公司要託付給誰呢？在台灣績效卓著的後藤新平此時便脫穎而出。

就任總裁

日本方面有關滿鐵構想的起源，有一段相當有名的插曲。即兒玉源太郎在日本軍渡過鴨綠江剛進入滿洲之際（明治三十七年五月），命令部下去瞭解東印度公司。這原是後藤新平的想法，他想模仿非政府機關的東印度公司的事業運作型態，進行實質的殖民統治，他已經開始思考如何以滿鐵為中心，來經營滿洲。然而當時日俄戰爭的結果尚不明朗，兒玉、後藤是否真的如此思考不無疑問，但要是後藤新平個人的話則不無可能。

其後，至少在戰爭結束為止，後藤新平和兒玉源太郎兩人一致認為鐵路應是滿洲經營的中心。普茲茅斯條約簽字前，後藤新平在九月初到滿洲拜訪兒玉源太郎，把他寫的〈滿洲經營策略概要〉意見書呈給兒玉源太郎，獲得其認可。他在意見書的開頭就記載「戰後經營滿洲唯一之要訣在於，表面佯裝經營鐵路，背地則進行各項施設」。

日俄戰爭期間，兒玉源太郎身為陸軍作戰實際的最高領導者，其威信正如日中天。後藤新平到滿洲訪問還有另一個目的，即受桂太郎首相之託，探問兒玉源太郎是否有組閣的意願（《原敬日記》明治三十八年十月六日）。於此，想必各方曾熱切地議論戰後經營滿洲的種種。其後，兒玉源太郎受命就任明治三十九年一月設立的滿洲經營委員會委員長之職。先前提到六月七日有關設立滿鐵的敕令，或八月一日發布有關滿鐵給外務、大藏、遞信三大臣的命令書，這些決定滿鐵組織架構的重要文書的起草者都是該委員會（原田勝正《滿鐵》四十九頁，岩波書局，一九八一年）。因之，可以說兒玉、後藤的意見就成了日本政府的意見；從這一點看來，後藤新平被推舉為總裁也是理所當然的事。

後藤新平也不斷在思索逐漸地把活動的空間從台灣移轉出去，從有關的跡象看來雖不明朗，但朝鮮似乎是他想登上的下一個舞台。六月二十八日，杉山茂丸傳送了一份頗長的電報到台灣，內容敘述欲推舉後藤新平為滿鐵總裁的意願很高，他並提議後藤新平在滿洲任事之後，可將目標轉移到朝鮮等。不久，後藤新平就收到要他回東京去的命令，七月二十二日，他與內務大臣原敬、首相西園寺公望、成為十三日甫成立的滿鐵設立委員會委員長的參謀總長兒玉源太郎，以及山縣有朋等四人會面。四個人的話題一直圍繞在勸服他就任總裁上，特別是與後藤新平在滿洲經營方針的意見上已取得共識的兒玉源太郎非常堅持；不過，後藤新平在那天還是堅決不肯接受。

然而，和後藤新平談論了幾個鐘頭，試圖說服他就任總裁的兒玉源太郎，意外地在第二天早上猝死。為了告慰兒玉在天之靈，後藤新平堅定了實現兒玉遺志的決心，八月一日隨即表明了就任總裁的意願。

其實後藤新平並不是一開始就打算完全拒絕就任總裁，他一度斷然拒絕，是因為他鑑於任務之大及其困難度，想要在就任總裁上附加一些條件。因意外事件迅速決定就任總裁之後，他也向首相及山縣有朋告知了一些條件，並寫就〈滿鐵總裁就職情由書〉文書一式，八月二十二日至二十八日呈交給外務大臣林董、山縣有朋、陸軍大臣暨滿鐵創立委員會委員長寺內正毅（兒玉猝死後）及首相西園寺公望等人，以期確認其就任總裁的經過，並確保未來能獲得彼等的協助。

後藤心中的不安到底何在？主要是「殖民政策無核心」（〈滿鐵總裁就職情由書〉），亦即未來由誰擔負起經營滿洲的任務，當時仍不明確；更具體地說，就是以滿鐵為經營滿洲之核心的體制還未形成。

後藤對陸軍方面尤其感到不安。當時滿洲已是陸軍的天下，就單要及早廢除軍政一事，已引起強烈反抗。鐵路原本當然也歸陸軍管理，而廢除軍政之後，旅順大連租借地改名為關東州，並設置關東都督府（明治三十九年八月一日公布官制），其首長關東都督是現役上將或中將，因此都督應還握有陸軍的勢力。並且指揮監督滿鐵的即為此都督。後藤新平在兒玉源太郎猝死後，特別與陸軍最高權力者山縣有朋及陸軍大臣寺內正毅親近，就是想透過他們的力量，來予以制約。他在殖民台灣時期，對兒玉源太郎的陸軍即非常依賴，而當他要就任總裁時，他也認為抑制陸軍是關鍵性的一環，因此以同樣的模式來進行。後藤新平曾主張滿鐵總裁應暫派武官充任，也是從這樣的想法衍生出來的。

除了陸軍的狀況之外，「殖民政策無核心」的問題也是困難重重。滿鐵在滿洲不僅受關東都督府的監督，也要受東京外務省的監督。滿洲內有好幾個外務省轄下的領事館，然而，外務省對擴殖政策並不熱衷。後藤新平描述：「以往至今，外務省殖民政策之空疏不振，可謂久矣」（〈情由書〉），他對這一點感到非常不安。除此之外，滿鐵關於鐵路之業務及募集外債等相關事項，都要分別受遞信省（編按：掌管交通、通信行政的中央官廳，一八八五年創設）及大藏省管制。如此的管制，後藤擔心是否會對滿鐵經營滿洲的核心功能造成阻礙。

上述「殖民政策無核心」相關事項，後藤新平大多未能加以實現。已實現的，僅有他獲准以滿鐵總裁身分兼任都督府顧問，以圖都督府及滿鐵在業務上的聯絡之便。嗣後，陸軍及都督府之間、外務省及領事館之間，再加上滿鐵三者之間意見不一致時，就形成滿洲三頭政治之弊端。後藤新平為了解決這樣的大問題，提出了種種的意見，有關此一部分容後再述。

滿鐵的成立

內定為總裁的後藤新平，其第一件工作就是確保人材。他首先起用台灣總督府財務局長兼總務局長的中村是公任副總裁。中村是公從大藏省到台灣，成為後藤新平心腹之一，他在滿鐵也大力輔佐後藤新平，並繼其之後受任為第二代總裁。夏目漱石為其大學時期之友人，他在中村是公任總裁時訪問滿洲後寫就〈滿韓見聞〉一文，文中述及中村這件事為人們所熟知。

接著，後藤新平除了任用山縣有朋推薦的原任職興業銀行的野野村金五郎任理事之外，他也依據自我的判斷起用特殊的人材。例如從三井物産延聘田中清次郎及犬塚信太郎負責營業事務，從日本銀行延聘會計、金融關係的專家久保田勝美，從內務省延聘附屬地的行政、土木專家久保田政周及清野長太郎，並聘請原遞信省技師的鐵道專家國澤新兵衛（日後的滿鐵理事長），此外還有從京都帝大延聘處理法律事務的岡松參太郎。

在上述這些人當中，過去與後藤新平相識的只有中村是公、久保田政周及岡松參太郎等三人而已，其他的人都是他蒐集各方資訊所發掘的有才幹的人材。這些人都非常年輕，在滿鐵株式會社創立之時，後藤新平五十歲，中村是公三十八歲，理事當中除了國澤新兵衛及野野村金五郎之外，其他人的年紀都是三十多歲。

為了糾集這些人材，後藤新平不辭採行強硬的手段。以三井物產的二人的情況為例，三井方面強烈反對，但是後藤新平委託元老井上馨，借重他在三井有極大發言權之力，強硬地達成了目標。岡松參太郎的情況也是在強硬的手段下挖角過來的，面對京都帝大及文部省的反對，後藤新平大興議論：在清廷的領土內進行滿鐵的經營，處理錯綜複雜的法律關係是不可欠缺的，能夠妥善處理的人，除了曾受台灣總督府之託，以六年時間調查清廷法律、慣習的岡松，不做第二人想。而能讓岡松活用前此研究的環境，應該就只有滿洲，而這也是讓公帑及人材盡其用的最佳方法，若只是從事一般的講學、著述，要多少人應都不難。當時京都帝大及文部省聞言想必非常氣憤才是。

八月時敕令發布，官吏成為滿鐵公司的員工時，仍保有其原來的官職。從而，中村是公便以暫兼台灣總督府財務局長暨總務局長的身分任滿鐵副總裁，清野長太郎及久保田政周、岡松參太郎、國澤新兵衛等人則分別以內務省、京都帝大教授、鐵道技師在職的身分就任理事。這種強硬的制度，也是後藤新平為了獲得人材早已經準備好了的。

在此期間，創立滿鐵的準備正逐步地進行中。滿鐵的資本額達二億日圓，一半由日本政府持股，不過這部分完全是以實物出資。當時日本沒有任何一家公司的資本額超過一億日圓，滿鐵是全日本最大的公司。不過，日本政府對經營的前景非常憂心，政府持股之外的股份，從公司開始設立十五年間，保證每年發給六分的股息。金融界也不看好股份的募集。不過，從九月至十月公開募集十萬股（二千萬日圓），申購股數卻高達一千倍以上。這個情形不只是因為經營前景光明，更因為日本國民期待、支持日俄戰的戰果之故。

滿鐵在眾人這樣的期待下，於明治三十九年十一月二十六日創立總會開始運作。在此之前不久，於十三日正式就任滿鐵總裁的後藤新平，在十九日受命拜謁天皇並與之用餐，天皇破例地予以諭示：「南滿洲鐵道之事業不易，事關重大。殷望全力以赴。」副總裁及理事在赴任之前也受命拜謁天皇，並史無前例地蒙賞茶點的款待，這都反映了國民對於經營滿鐵的期待。

二 初期經營方針——大連中心主義及文飾的武備

大連中心主義

明治四十年四月滿鐵開始營業，初期滿鐵營業政策最大的特徵是大連中心主義。傳統上，滿洲的交通樞紐是海港營口，往來於遼河的戎克船（編按：中國特有的運輸用小帆船。）是主要的交通工具。針對此現況，為了發展大連港及大連——奉天線鐵路，使成為新興滿洲交通網的中心，而努力經營滿鐵，即為大連中心主義。

這個政策的雛型早在俄國經營遼東半島的時代就已在進行。俄國在大連投資了鉅額資金，以提高其港灣機能，並在哈爾濱和大連之間制定了便宜的運費辦法，企圖吸收送往大連及東清鐵路南部支線的物資。相對於冬季暫停使用的營口，大連則是不凍的天然良港，而且，大連是租借地，在國際法上具有優勢。東清鐵路的總部曾經思考過，若能善用這些特點，就能贏過營口及遼河水運。

日本延襲了俄國的政策。明治三十九年八月遞信、大藏、外務三大臣對滿鐵的命令書中，要求滿鐵所屬的全部鐵路，在開始營業後三年內改為寬軌，同時，特別命令大連至蘇家屯（奉天以南的第二站，至撫順煤礦的撫順線在此分出支線）雙軌化。此外，三大臣在明治四十年三月更命令大連港漸次加強設備，在退潮至最低點時，須能停泊一萬噸的輪船。另為了使日本對滿洲的輸出集中在大連，日本政府命令橫濱正金銀行（今東京銀行，為當時唯一的外匯銀行）在當時對滿洲貿易之根據地神户及大連之間，特別制定低利的押匯，並透過日本銀行予以協助。

滿鐵遵從日本政府上述的方針，致力於大連中心主義的建設工作，首先是將鐵路改為寬軌。東清鐵路是以俄國鐵路的一般標準來修築的，為軌距五呎的超寬軌。日俄戰爭勝負決定後，由於俄國面臨撤退，已將火車頭及貨車車廂拖走；日本為了使用此鐵路，將之改建為日式的三呎六吋的窄軌，從日本輸入火車頭及貨、客車廂，以為軍事用途。但因窄軌的運輸機能不佳，再次面臨改建，日本政府決定改為世界標準的四呎八吋半寬的軌道（在日本慣例稱為寬軌，本書從之）。

俄國的超寬軌改為日本的窄軌較為容易，因為枕木可以維持原貌，只要再舖一根軌條即可；但是窄軌要變成寬軌，一開始就要不斷更換枕木，又不能因此而停止營業。因此日本政府要求需在三年之內改建完成的命令，普遍被認為是相當難以達成的任務。然而，後藤新平指示在一年之內就要完成換軌工作，除了與清廷有關而無法施工的安奉線之外，全線於明治四十一年五月已大致完工。五月三十一日舉行窄軌車廂結束使用之「告別式」，這是世界上的首例。在奇妙的集會上，理事之一的國澤新兵衛致辭：「臨告別黯然而涕泗縱橫，復表諸多可歌之事，僅一言以餞別：『緬往昔功勞之德業，祝未來命運之宏開。』」這段話表達出，向對日俄戰爭的勝利有貢獻的車廂道別的感慨；亦夾雜著對成立未幾的滿鐵完成了超乎預期的事功之驕傲。上述插曲可一窺當時滿鐵內部的氣氛。

此外，大連至蘇家屯之間的雙線化也在明治四十二年十月間完成，同時將之改建為寬軌，這項工程也在世界鐵路史上留下輝煌的紀錄。另外，在大連港的建設上，日本政府也建立了大規模的計畫，正按步就班地執行；更在明治四十年十月時，制定了有關船舶、貨物的各項規則；並斷然實施由滿鐵直營的碼頭裝卸貨物之業務，使大連港的港灣機能大幅提升。

除了這些作為之外，令人特別感興趣的是明治四十年七月開始實施的出航及到岸海港特定運費制。制度之內容為針對若干貨物在大連、營口二港（之後再加上旅順及安東二港）及奉天以北往來的船隻之運費予以均等化；即營口及主航線以大石橋為分歧點，大石橋至營口計二十二公里，而大石橋至大連則將近二百四十公里，將這兩條長短懸殊路線之運費制定成相近的價格，由此可理解大連相當受到重視，而營口則被忽視。然而，英美向來多利用營口，所以對此政策的抗議隨即湧至。

日本政府決定採行大連中心主義，最初與後藤新平是否有關已不得而知。但是從其在台灣建設的實績、就任總裁之過程，以及滿鐵較日本政府實際的指示，更致力於大連中心主義的建設看來，此政策其實強烈反映出後藤新平的意見。他對鐵路建設的投入、對大規模港灣建設的關心等，都是從其殖民台灣時期就可發現的作為。

以初期殖民地經營政策來說，大連中心主義可說是相當經濟合理的。其結果，滿鐵從第一年度起，扣除特別貯金之後，便有六分的配息給民股；第三年度明治四十二年起也配息給日本政府持股之部分；第七年度大正二年起配息七分，第八年度起則達八分。上述優異成果，超越了所有的預測。而大連中心主義的成功，從大連港之勃興即可得到明證。明治四十二年度，大連港的貿易額只有二千萬日圓，還不到營口貿易額五千四百萬日圓的四成。然而九年後的大正五年，大連港的貿易額達到一億四千七百萬日圓，是幾乎沒有成長的營口貿易額的二點七倍。

後藤新平的企業家能力在台灣經過實驗的階段後，在滿鐵這個更大的舞台上，成功地展現出來。不過他常說滿鐵並不是單純的營利事業，因此，初期滿鐵經濟上的成功，對後藤新平來說應該只是個起步。以此成就為根基，後藤新平日後要實行什麼政策，令人拭目以待。

文飾的武備

後藤新平在論及滿鐵的事業時，經常將「日本帝國在南滿洲之特殊使命」這句話掛在嘴邊，而擔負這個使命的就是「滿鐵」。這項使命究竟為何，他並未闡述得很清楚，只留下了一段抽象的言詞：「使滿洲成為列國人民緝穆互營之利市」（明治四十年四月後樂園演説）。這只是辭藻華麗的句子嗎？還是有何實質意義呢？抑或「帝國之特殊使命」別有所指？為了思考這個問題，我們試著來探討後藤新平用來作為經營滿洲之基本政策，而不斷反覆宣講的「文飾的武備」的主張。

所謂「文飾的武備」原本是「武裝的文弱」的相對語。日俄戰爭之際，後藤新平已強調過經營滿洲以滿鐵為中心的必要性。他主張與其在滿洲屯駐大量兵力，不斷加強軍備，讓軍方保留對滿洲之發言權，不如以鐵路為中心，實施合理的經營，振興農牧業，使大量的移民移住該地，更來得有實質的軍事效果。因為可以直接進行大量軍事運輸的鐵路，或直接就能成為游擊軍的移民，都是潛在的軍備。

另外，後藤新平更致力於設立大型醫院，他在説明這樣做的原委時指出，這些醫院都可直接轉為野戰醫院，因此，為了便於置放擔架，要把走廊等設施建造得特別寬廣。

而設立旅順工業學堂也是他初期的殖民事業之一，其構想也是從相同的觀點而來。他認為旅順一地，就其為俄國對日本的基地而言，具有非常重大的意義，而以之為日本對俄國的基地，則豪無意義，因此，如仍將其作為軍港則未來不免沒落；倒不如設立大型的學校，讓大量的學生居留於該地，值有軍情之際，便能成為供給大量營房及糧食的基地。如上述，「文飾的武備」這個用語最初是指，建造立即可轉換成軍備的非軍事設施。

陸軍領導者應該非常明白，以當時日本的經濟力，要加強軍備實非易事，因此後藤新平這個提案對他們而言非常具有吸引力。與後藤新平過從甚密的兒玉源太郎自不待言，山縣有朋及寺內正毅也同樣支持該提案。對日本與俄國之間的軍事力量的平衡，遠比山縣有朋或寺內毅更為樂觀的田中義一，也非常重視把交通網當作軍備的一部分。以這群人為中心所建立的明治四十年日本帝國國防方針，把建設中國大陸交通網，策定為對俄國的國防政策要點之一。由於他們的支持，後藤新平便能夠抑制滿洲當地陸軍對改變現況的反抗。事實上，文飾的武備這個用語，應該也包含自始即獲得軍方支持的目的。

文飾的武備一詞另有與上述的語意稍有出入的說法。亦即後藤新平所說：「以王道之旗推行霸術」；他認為藉由所謂文明的利器——王道，建立中國當地難以反抗日本對滿洲的經營政策的關係——霸術，即是他經常提及的文飾的武備。的確，滿洲當地對日本經營的支持程度，是日本與俄國或清廷發生戰爭時，決定勝負的重要因素。此外，該詞另寓有在和平中征服滿洲當地人心的語意。由此可知，後藤新平嗜用「文飾的武備」此一用語，是基於利用文明的利器這一層涵義。

後藤新平的這項構想要追溯到他殖民台灣的時期。他認為，人生的秘訣就是利用人性的弱點，而最擅長此道的是醫生和律師；一般人依賴他們，還需要付錢給他們，即使他們出了差錯，多數人也不會怪罪他們。將之運用在行政上，尤其是殖民政策，利用住民的軟弱，讓他們心生依靠是非常重要的。後藤新平認為，歐洲各國殖民政策，從前是以「寺廟、醫院及自來水」等「鼎足三分」，近些年進展到重視「寺廟、醫院（衛生——原註。含自來水）及鐵路」等三者，即是前述想法的體現。由於日本不太能藉由宗教達到教化民眾的目的，因此，他主張應重視衛生、運輸及學校三方面，讓當地百姓得到好處，以使他們心生歸屬感。

如上述，後藤新平和在台灣時一樣，非常重視滿洲的醫院及衛生設備。明治四十三年至四十四年，瘟疫流行到滿洲時就獲得了很大的成果。當時奉天巡撫唐紹儀欲與美國合作抵抗日本經營滿洲，他雖想從美國召請醫師來消弭瘟疫的流行，卻無法抵制日本醫療的力量，由此之後開始對日本在醫療領域的發展亦表示歡迎。明治四十四年，在奉天設立南滿醫學堂時，不僅當地政府，老百姓也都熱烈地歡迎。借用後藤新平的話，可說是「佛光自奉天醫學堂照射，其所照之處，無人不瞻仰其光輝。」這種「以王道之旗推行霸術」的方式，是文飾的武備的第二個意義。

文飾的武備一詞另外還有一個衍義。後藤新平從殖民台灣時期到擔任東京市長時期，他均以新增大型調查機構，進行各種調查工作而著稱，他在經營滿鐵時期也設立東亞經濟調查局，調查滿洲與朝鮮的歷史、地理及設立中央考場等自然科學相關的各項設施，這些都可以稱為文飾的武備。的確，這些作為都是為了確保長期經營滿洲之合理性，以發揮效能的措施，所以可稱之為廣義的武備。

就上述這些措施綜觀之，文飾的武備確實可藉非軍事的設施，增強廣義的軍事力量。的確，後藤新平對此一詞表面上的定義確是如此。但是如具體加以探討，文飾的武備此一政策，若說最終的目的是成就軍事，似乎難以成立。後藤新平本身實際在大正三年四月的演講中就曾說道：「諸位視其（文飾的武備）的最終目標與軍事有關，事實不然……。」（〈日本殖民政策一斑〉）

首先來檢視一下鐵路的重要性。後藤新平認為，交通工具對於歷史的發展影響深遠。因此，他以為在討論軍備的機能之前，如果不先發展滿鐵，要經營滿洲，無論如何是不能竟功的。同時，後藤新平堅信，鐵路是文明的利器，能給當地帶來極大的利益。

此外，他確信滿鐵構成了世界交通大動脈的一部分，使東西方連結起來，有助於東西文明之融合；對此他頗自負。後藤新平之所以在實現國際交通運輸上投注了極大的心力，即是基於上述的信念所致。日後他回想起來，述說他當時急著要將滿鐵改建成寬軌，是因為滿鐵身負「成為世界交通體系之一部分的大任務」，假如滿鐵「只為了營利」，維持窄軌也不會有任何不妥。相對地，後藤新平在滿鐵的具體經營方針中，不曾追求軍事功能的提昇。

更重要的是，鐵路的經營，與其說他是為了和俄國、清廷之間既存的對立關係做防備，毋寧說他一直在謀求對立關係的消解；例如後藤新平極為重視滿鐵與東清鐵路間及與京奉鐵路間交通運輸之強化。交通運輸一般而言在營業上也能收益不少，但是他從更根本的角度思考，認為鐵路交通帶給當事者雙方（編按：指日本和滿洲地區）利益，從而將兩者結合起來。後藤新平在發生義和團事變當時，針對西伯利亞鐵路說道：「鐵道為世界交通之利器，且未必能率爾斷定其為若干國家之凶器。」一般人認為這句話的語意是，將西伯利亞鐵路當作是俄國安在東亞的刀刃，與後藤新平的原意差異極大；爾後，後藤新平的鐵路觀可說也與這句話一脈相承。

文飾的武備的第二類政策作法中，玆以學校及醫院為例，審視這些建設可說與上述想法大同小異。後藤新平認為，不管有無軍事上緊張的情勢，學校和醫院都是必需的。

此外，這些建設帶給當地的文明利益，不論當地居民對日本的支持有無增加，都具有非凡的價值。例如有關對中國人的教育事業，有異論批評是「把刀刃借給敵人之舉」，他對此斷然駁斥：「身為日本人，令鄰邦亦沐浴於日本文化之中，此即所謂日本精神。」雖然後藤新平說過：「以王道之旗推行霸術」，事實上他從來沒有以「王道」來推行「霸術」。因此，可以說設立學校或醫院並非是用來預防對立的政策，而是以消弭對立為目的之政策。

續論文飾的武備之第三類型。在調查機關、調查工作中，並沒有特別重視與軍事相關的事項。後藤新平認為這些調查工作是為了經營滿洲，能使之合理發展的基礎研究，是以學術的態度來進行的，更能因此添加若干新知識於世界文明之上，他對自己上述的作為單純地感到自滿。大正後期，為了國策的調查、立案，他倡議設立大型調查機關，將之命名為「產業參謀本部」，並稱其為文飾的武備之一環。但是他在此所考慮的是經濟上的戰爭，而非軍事上的。

在這種調查事業中，能意識到與外國之間的關係，實在有趣。例如東亞調查局蒐集的資料同時也提供給外國，調查和研究成果的發表均非常豐富。透過這些將東亞的狀況介紹給外國，從「防備易陷之彼我誤解，以圖溝通看法」這一點來看，這項事業亦受到鼓勵。後藤新平也敦聘有實力的外國學者如：奇士及維特菲爾德等人，他期望歐美各國能夠不存偏見地接受他的調查研究成果。總之，後藤新平期望這些調查機關能透過科學研究，擔負與各國連結、去除彼此誤解之功能。他認為，只要日本推動依據合理的、科學的方法所制定的政策，必然可得到外國之支持。

如上所述，以文飾的武備之名稱呼此一政策，廣義地說，其本身確實含有廣義的安全保障之意涵，卻不是特別帶有軍事色彩的政策。

毋寧說後藤新平非常關心滿鐵使滿洲文明化一事。他對於賜予滿洲文明，並曾對世界文明做出貢獻，感到非常自豪。而且，許多被稱做文飾的武備之政策，實際上都具有使日本與俄國、日本與清廷間相互對立的關係轉變為相互依存的關係之機能。

當後藤新平在提到「在南滿洲的帝國特殊使命」時說「使滿洲成為列國人民緝穆互營之利市」，是非常認真的。他所謂的特殊使命被包裹在政策當中，而讓滿鐵獲得高收益，即是為了實現此一文明的設施。

在滿洲的文明化上不能遺漏的是都市建設。首先，俄國在大連當地的建設已經進行到某種程度，那些建設的規模是相當宏偉的，例如有計劃中的橋樑寬達三十間（五十四公尺）。人口一萬數千名的大連，竟然有東京兩國橋三倍寬的橋樑，對當時的日本人來說是難以想像的。在眾人倡議縮小計畫的聲浪中，後藤新平斷然反對，甚至主張拓寬部分道路。

另外，更計畫在長春的郊區建設新市鎮。負責這個計畫的是技師加藤與之助，他以半徑九十公尺的火車站前廣場為中心，打造了大規模的宏偉市鎮。不過，後藤新平仍批評他所規劃的道路過於狹窄，並指示主要幹道要和東京一樣是二十間。而且他要求持反對意見的加藤與之助去參觀巴黎的香榭大道、柏林的菩提樹大道，而實際讓他前往西洋。（越澤明〈大連都市計畫史〉、〈長春都市計畫史〉）

其實後藤新平在台灣已有過建設都市的經驗，但是當時他所做的規劃，僅憑直覺，尚未有充分的自覺或根據。不過，後藤在滿洲的實績，已堪稱真真正正的都市建設者。後藤與生俱來的豐富想像力，加上殖民台灣時的經驗以及對俄國大規模鐵路計畫的深入了解，使他成為希世的偉大都市建設者。

都市建設有各式各樣的目的，居住的便利性很重要，展示殖民者之威儀的政治目的亦很重要。然而，後藤新平幾乎是把文明的象徵——宏偉都市的建設視為義務，並於此感受到無上的喜樂。他感歎屬下技師視野狹隘，甚至要他去巴黎、柏林實地考察，不難想像他表現出來的是身為文明化中堅人物的自負及使命感。

不過，不可遺忘的是，此文明化並非以殖民者高壓的方式來執行。例如後藤新平在取地名時，指示一定要用中國式的名字，嚴格禁止帶有日本味的地名，這是從「生物學原理」延伸出來的必然構思。此外，即便在都市的構成，他也嚴禁任何歧視中國人市街的規畫，甚至費盡心思讓更多中國人定居在當地。單就上述他的這些作為，更可以想見滿鐵的繁榮程度。在此，他也將「生物學原理」及「文飾的武備」的想法發揮得淋漓盡致。

以今天的角度觀之，後藤新平對滿洲文明化的使命感，很容易被指稱為帝國主義的意識型態；其文飾的武備政策，就可稱得上是最狡猾的帝國主義。不過，滿鐵若以武裝的態度，進入國際對立的激流中，將招致相互猜疑，並帶來極端悲慘的結局。從這個角度來看，後藤新平的手法可說相當具有建設性。

三　圍繞滿鐵問題的國際關係

新舊大陸對峙論

如前所述，滿鐵的經營含有對清廷與俄國外交的面向，而後藤新平從文飾的武備論，孕育出獨特的方法；另外他以經營滿鐵為契機，在圍繞日本的國際關係中，也有其獨特的主張，後藤新平將此稱為新舊大陸對峙論。

所謂新舊大陸對峙論，簡單地說即後藤新平預測新大陸——美國會成為異常強大的國家，為了與之抗衡，日、中、俄三國必須密切合作。不過，後藤新平的論點經常表達突兀，呈現跳躍式的推論，其內涵也因時間的不同而有所變化。因之，沈醉在新舊大陸對峙論當中的後藤，其內心真正的想法為何？實有深入檢討探究的必要。他對日、美對峙的預測為何？有何必要的因應措施？日、中及日、俄之合作何以不可或缺？其可能性如何？以下試圖就後藤對此三國政策逐一探討，以究其真意之所在。

探討之前，先從明治三十九年十一月滿鐵成立，至四十年四月開始營業，就期間的國際關係做一概觀性的瞭解。當時日本與清廷間的糾紛依舊，從與滿洲有關的實務問題觀之，兩國經常相互對立，彼此互不信任；此外，清廷在明治三十九年九月及十一月，分別對關東都督府的成立及滿鐵的創立提出抗議，對這些日本經營滿洲的核心機關，明白地採取敵對的姿態。繼之，明治四十年四月日本結束軍政，同時清廷亦進行東三省改革，起用東三省總督徐世昌、奉天巡撫唐紹儀。他們兩人都是屬袁世凱勢力下有份量的人物，此種人事任用顯示出清廷的決心。

日、美關係之糾紛亦同。明治三十九年十一月，美國派遣奉天總領事威勒德・史多列德赴任。年輕且野心勃勃的史多列德，以美國援助中國開發滿洲為由，意圖阻止日本在南滿洲所進行的勢力範圍劃分，其在擁護中國統一的同時，亦達成美國對滿洲經營的目的。適巧奉天巡撫唐紹儀是耶魯大學畢業的親美派，唐紹儀和史多列德聯合起來，在往後數年間，屢屢對經營滿洲的日本造成威脅。

另一方面，對日本有利的情勢也產生了，即明治三十九年十一月，法國試探有關日、法協商的可能性。法國是俄國的同盟國，但是其對俄國勢力深入遠東一事卻惴惴不安。對法國來說最重要的是，俄國將大部分的重心放在西部國境，及強化對抗德國的力量。為了讓俄國向西發展，法國首先想到滿洲內的日、俄關係之安定是必要的，遂拉攏日本，進而從中斡旋，促進日、俄協商。

這對日本來說實在是個好消息，因為日本當時一直憂心俄國會發動對日的復仇戰，此外能和法國此一大資本國合作，對國際金融立場艱困的日本來說，具有極大的魅力。經過其後的交涉，明治四十年六月日、法協商成立，七月亦達成日、俄協商。當時成立的日、俄協商還不能說是具有強大結合的保證，而俄國國內的對日合作派也還未成氣候，不過其價值在於能暫且消除日本對俄國關係的不安全感。

繼之，明治四十八年八月又成立了英、俄協商，日、俄戰爭時對立的日、英同盟及俄、法同盟，至此結合成協商關係。雖然與這些國家協商，彼此卻沒有強固的結合關係，但仍具有重要的意義。此四國的結合在明治末期抑制了東亞地區內清廷和美國的主張，一九一四年時亦成為與德、奧交戰聯盟的基礎。

對清政策

後藤新平以滿鐵總裁的身分首次到達大連是明治四十一年五月，當時正是清廷改革東三省未幾之際，接著要如何對處清廷所採取的嚴正的態勢，是總裁後藤當時最重大且緊急的課題。

後藤新平到任後所做的第一件事是到北京拜訪。他在五月二十九日謁見了清帝及西太后，接著六月三日到天津拜訪袁世凱。和袁世凱會面時，後藤新平倡議成立「箸同盟」，宣傳同樣都使用筷子的兩國合作。以所謂同文同種立論的中日合作之主張並不是什麼稀罕論調，不過，此次的會談時值加州日本移民受排擠運動高漲且仍在紛擾之際，因此格外引人注目。由於在加州的中國人早已受排擠，所以，此「箸同盟」的立論便帶有宣導美國與清廷間傳言中的同盟不可能成立的意涵。此外，在日本與清廷的對立正不斷浮上檯面之際，對於清廷權利回復運動的核心人物，後藤新平並未對其施予壓力，僅呼籲他們促成彼此的合作關係，此作為相當值得贊許。

後藤新平同樣地對徐世昌及唐紹儀也未予脅迫，可以說他是主張提供援助及合作的。依後藤的觀點，徐、唐二人的反日政策並非出自其等堅定的思想或國家觀念之產物，而是僅為了個人的飛黃騰達所推動的政治措施。因此後藤說：「若我政府關照徐、唐不足之處，……援助其名望勢力，藉扶植人脈於清政界，徐、唐之輩必敢悖逆我之實權，不可令彼等立於樂我失意之地。」遂主張要援助徐、唐，以圖改變其二人的政策。後藤新平並不是一個非常重視觀念或意識型態而食古不化的人。雖然這樣的作法有時反成為他的絆腳石，但這種見解也經常使他確實掌握人世間現實的況味。

具體問題上令人感興趣的是新法鐵路的問題。新法鐵路計劃從奉天西側的新民屯為起點，與滿鐵大致平行，向東北方修築至法庫門為止，全長約五十英哩。這條鐵路是清廷及美國著眼於抑制日本經營滿洲的進展所修築的，其構想打算將來更進一步延伸至齊齊哈爾，成為與滿鐵並行的大幹線。從前述與大連中心主義有關的內容視之，不難理解此計畫是如何重大的政策。日本政府的處置方式，簡單地說，即此計畫已違反明治三十八年十二月北京條約的附約中，禁止修建並行線的協定，日本政府欲以此為依據，阻擾該鐵路修築計畫。

後藤新平以很獨特的方法處理了此事。他在明治四十一年七月修書一封給此計畫幕後主事者袁世凱，陳述這個計畫是違法的，從國際關係的角度觀之絕對不會成功，並反覆提示日本與清廷之間需合作，毋需對立。後藤新平進而主張變更新法鐵路的路線，以法庫門至滿鐵的鐵路替換之，這樣一來，清廷不但開發了法庫門，而滿鐵也可獲得有力的支線。後藤新平說明了日本及清廷可獲得共通的利益之後，又向清廷提議，變更路線時必須支付給他國企業的費用，日本願意支付。由此，他不但否定了清廷的主張，更由於他用讓對方獲利的方法使清廷政策轉向，也達成了他的意圖——讓日本與清廷間的關係難以斷離。

還有一個同樣令人感興趣的例子。明治四十一年十一月一日，後藤新平卸去滿鐵總裁一職不久，隨即舉行其與唐紹儀的會談。如前所述，唐紹儀是當時清政府中親美派的代表，也是抵抗日本經營滿洲的第一線人物。唐紹儀的訪日是在他赴美的途中，懷著前述抵抗日本經營滿洲的目的順道來訪。後藤新平在會談中倡議清朝人民保有滿鐵的股份，清朝皇室對滿鐵亦保有股份，以及清朝人民擔任滿鐵重要職務等三點。上述這些內容的目的，當然都是為了緩和清廷對滿鐵的反感，特別是第三點也帶給中國相當大的利益。因之，唐紹儀對此感到為難，表示對第三點保持關切，暫不予答覆，唐紹儀接著便轉赴美國。然而，在美國等著他的卻是美日已簽訂完成的羅脫・高平協定（十一月三十日成立）；在此協定中，美國拒絕與清廷合作，轉而與日本合作，清政府為此遭受極大的打擊。

綜觀前述整個事情的經過，後藤新平從美國的態度，恐怕事先多少已知道能夠阻止清廷與美國之間的合作。不僅如此，他以前述的三點提議，向唐紹儀建言，其目的不單只是要擊潰清廷的反日政策，與處理新法鐵路時相同，其目的是欲更積極地促進日本與清廷的合作關係。

當然後藤新平的對清政策，並不是只在追究日本與清廷的合作一事而已，他主張要對付不輕易接納日本經營滿洲的清政府，依據其與列強合作的作法，先使之孤立，再迫其就範。若將前者稱為糖果，後者稱為鞭子，很明顯地，後藤比較重視糖果的效用。而且此糖果與其說是為了什麼目的而運用，不如說其運作的本身就是目的。亦即後藤新平倡議日、清合作並不是為了要排除清廷的抵抗，以遂其經營滿洲的企圖；在當時以滿鐵為中心的經濟關係上，其實應該說他最終著眼於達成日、清兩國能共享利益關係，從而將兩國結合在一起。當然，以當時的狀況來說，就算日本與清廷的合作得以實現，彼此之間也非對等的關係。不過，當時許多日本人對清廷的態度極表憤慨，在眾人議論應對清廷施壓的聲浪中，後藤新平獨排眾議的主張值予注意。

對俄政策

後藤新平極為重視和俄國間的關係，認為其與日本和清廷間的關係無分軒輊。他和俄國駐日大使巴庫梅契夫及財務官威爾廉金等人的接觸始於明治四十年四月，亦即他首次赴滿洲的前夕。後藤當時為了推動滿鐵的經營，可以想見他揹負著許多與俄國間應解決之實務問題的重擔。然而不僅止於此，為了抑制清廷的背離，以推動滿洲的經營，他認為急需與歐美列強相互合作，其中最重要的對象就是俄國。

不過，如把後藤新平的日、俄合作，認為完全是為了經營滿洲或壓抑清廷的手段，則與實情不符。如前揭日俄戰爭之際，後藤新平在意見書中曾經表明，與俄國如此強大的鄰國之間，若沒有友好的關係，日本絕無法獲致發展，他認為日、俄合作政策是一重大課題，應予獨立出來努力達成。

後藤新平在與俄國的關係上，把實務面的交涉，提升到與最高負責人之間進行，藉此，他在日、俄兩國友好關係的建構上建樹頗多；往來的對象有俄國財政部長可可夫佐夫及東清鐵路副總裁（實際上為總裁）温齊爾等人。後藤新平首先提議從俄國採購鐵軌，引起可可夫佐夫等二人的關心；明治四十一年五月他又自行前往俄國訪問，調解他與二人之間對此問題的歧見。後藤新平以此為端緒，進一步達成了滿鐵與東清鐵路間的聯絡運輸協定，並簽訂了關稅協定，以避免日、俄間無謂的競爭。這些成果本身可能不算是什麼了不起的事功，但若涉及日、俄全面性的關係，則其間接效果不可輕忽。

後藤新平的作風如前述般，他是一個喜歡接近有權勢者的人，他訪問慈禧太后及袁世凱時亦可發現其行逕一貫之處，同時也是他在日本國內政治上經常運用的手法。後藤幻想以同樣的手法運用在更高的層次上，他認為，如果派一位具政治地位的日本政治人物訪問俄國，能與該地同樣具有政治地位的政治人物推心置腹地對話，日、俄關係將結合得更為緊密。

後藤新平所設定的對象是伊藤博文。明治四十一年九月，他在嚴島（編按：位於日本廣島縣宮島町）參拜時巧遇伊藤博文，便向其解說日、俄合作的重要性，並遊說伊藤博文辭去韓國統監①一職，以非政府代表的立場訪問俄國。之後，後藤新平在其所寫的〈嚴島夜話〉一文中提及，他曾以三天三夜的時間，向伊藤博文闡釋新舊大陸對峙論，終於獲其首肯。其實這只是他風格獨具的誇張言辭，會談應該只有一個晚上而已，此外還有若干的疑點未明。不過，即便如此，後藤新平央求伊藤博文訪問俄國，且努力地營造有影響力的政治人物會談的環境，亦是不爭的事實。伊藤博文訪問俄國的計畫在明治四十二年十月獲得實現，後藤新平努力促成會談一事，直到伊藤博文與可可夫佐夫在哈爾濱舉行的階段，即眾所周知伊藤博文被暗殺一事發生為止。

伊藤博文訪問俄國雖未竟功，然而，後藤新平其後對有影響力的政治人物訪問俄國此一計畫仍非常重視。本書後面章節將會述及的桂大郎在明治四十五年的訪俄，及後藤新平在昭和二年的訪俄，可說都是這個思想脈絡下的產物。

總之，後藤新平在明治四十年訪俄之後，他即成為眾所矚目的日本親俄派之代表人物，特別是明治四十四年，他在寺內正毅（陸軍大將、陸軍大臣、朝鮮總督）任會長的日俄協會中出任副會長，使協會面目一新。日後，日、俄兩國間文化、經濟的關係益形緊密，日俄協會實扮演著重要的角色。

對美政策

後藤新平對美國的政策，與對清廷或對俄國的政策並重，或視之更為重大。對身為滿洲總裁的後藤來說，唐紹儀和美國奉天總領事史崔德共同制定的美國滿洲政策，絕不能不予關注。

後藤新平對此處置的特徵在於，他不僅處心積慮地欲使美國的金錢外交受挫，並且運用各種方法，希望能緩和彼此對立的關係。例如：首先，他構想在美國募集滿鐵的債券，除了資金調度的考量外，這個作法也是意圖藉此讓美國同意滿鐵的經營。不過，由於美國的反應很冷淡，結果滿鐵債券全部在明治四十至四十一年於英國發行。

其次，滿鐵內使用的貨車及客車廂全部都向美國採購。由於外國所持有的債券都是靠英國購買，此採購行動令英國大感意外與不悅。這樣做的目的之一，係因抱著改善與美國關係的期待。明治四十年二月，在美國的日本財務官高橋是清對大藏省大臣阪谷芳郎報告：「滿鐵用美國規格及在美訂購材料等情事，使當前美、日外交關係極為順利」，由此可知已達到預期的效果。

此後，後藤新平對於其在滿鐵的經營是否受到美國注意極為重視。對他來說，美國對滿洲的關心是基於經濟的考量，因此滿鐵的經營狀況自然已引起美國的注意。而對美國人而言，滿鐵的經營成功與否，象徵日本經營滿洲，進而象徵日本經濟的未來，因此與日本外債的價格息息相關。只要滿鐵的經營看來有希望，就能維持日本公債的信用，這樣一來投機客也會收手，公債將成為老百姓的「零用錢」，其價格亦不致下跌。總之，後藤新平主張藉著展示經營滿鐵的發展，以確保日本在國際金融的地位，並將日、美兩國關係導向穩固的方向。

不僅限於與美國之間的關係而已，後藤新平亦致力於招徠外國旅客，這也是此意圖之下所衍生出來的作為。多方招徠外國旅客，在營業的政策上是必然的方向，但是後藤新平所花的心力卻非同一般。例如他在滿洲各地興建大和旅館之類的旅舍，就遭致舖張浪費、不務正業、不敷成本等評批；但是後藤新平卻認為，招徠歐美人士是世界交通道路滿鐵的義務，且其中更含有一定的政治意涵。亦即歐美人士在評擊滿鐵政策的封閉性時，他就會提到這些旅舍：「此旅舍主要為歐美人士而設，吾盼彼等前來滿洲與吾人共同開發此新天地。」後藤新平如此反駁可說是理所當然的，他認為旅舍即為日本經營滿洲的文明化、開放性的證據。而後藤新平卸任滿鐵總裁一職後，即開始著手編纂大規模的英文東亞導覽，歷時八年始竟功，全書計五卷，厚達三千頁，是以優美文體寫就的大作。有人評價此書是歷來日本政府發行的歐美文獻中最有價值的鉅作。

後藤新平所論說的新舊大陸對峙論，造成日、美關係對立是無可避免的，為對此有所防備，他認為必須將中國與日本結合在一起，且日、俄必須合作。這即是日俄戰爭後國際關係的狀況。雖然我們不能否認新舊對峙論有上述的涵義，但從前面幾節的探討結果發現，其實此主張另有其核心的意涵。亦即與其說後藤新平把日、中及日、俄合作等作法，當作防備美國擴張的手段，不如說他把這種作法，當作日本未來在世界上得以發展的根本要素。而且後藤新平主張，這些合作皆須以經濟關係為中心，當事雙方皆獲得利益下才得以成立。即便是美國，其與日本之間並無水火不容的敵對關係，而是具有因經濟利益而相互結合的關係。換言之，新舊大陸對峙論並不是著眼於國際關係中彼此對立的勢力均衡論，而是著眼於彼此統合的契機。不過，最重要的一點是，新舊大陸對峙論與文飾的武備有直接的關聯，亦即此二者相互結合成一體，是類似的主張。

後藤新平與原敬

在此，讓我們先回顧一下後藤新平的各項觀點。「文飾的武備論」主張應將經營滿洲的重心置於滿鐵（含附屬事業），而「新舊大陸對峙論」則主張日本的外交政策，應以美國為衡量的標準。另一政治人物比後藤新平長一歲，同樣出生於岩手縣的原敬，對此二觀點與他看法一致，但又有些微的不同。由於此二人對外政策的基本差異，在近代日本外交史上意義重大，因此筆者欲在此稍微探討一下其中的一致及差異之處。

原敬在明治三十九年時擔任監督台灣總督府角色的內務大臣，也是促使後藤新平就任滿鐵總裁的人物之一。十月二十八日原敬和後藤新平會面時曾說：「滿洲之經營須以滿洲鐵道為根據……，因之，與清國官民以最親切態度交往為第一要事。日本人之短處在動輒說理，而清國當下多主張利權擴張，唐紹儀等為首者亦已成其國權擴張論之故，與之衝突將為他國所乘，貽誤國家百年之大計。努力與清國官民和親，萬事得其歡心，是為至要。」上述原敬所述之內容與後藤新平的看法完全一致。換言之，原敬認識到，身在滿洲的日本與清廷間的關係，在外交上必然會發生對立，他著眼於滿鐵能讓兩國結合起來，對此至為重視。在這一點上原敬與後藤新平是完全一致的，同樣在岩手縣出生的二人，日後關係變得親近，實際上是從這個時候開始的。

但是他們兩人對滿洲經營的觀點並非完全一致。所謂滿洲三頭政治，指的是都督府、滿鐵、領事館（外務省）三個機構的作法沒有統一。後藤新平批評的主要對象是外務省，而原敬批評的主要對象是都督府。明治四十四年，原敬向桂太郎如次描述：「說得露骨些，外務省官吏即如領事等，知外交但不知商業，而南滿鐵路知商業卻不知外交，至於都督府則商業及外交皆不知。由是之故，滿洲之事無法順利進行。」此外，當桂太郎回答：「領事等稍有應注意之處，即吾不希望彼等僅專事於正式外交，如此當不致如前述般。」原敬更進一步陳述外交官的輪替是不可行的，並表示：「他們堅持正式外交的作法合宜」，可見其對外務省的支持。亦即原敬對於與滿洲相關的國際關係，最為重視的是這種以國際間的權利義務關係為根本的「外交」，而「商業」是輔助的手段。原敬對「商業」的重視程度，明顯較後藤新平低得多。

至於原敬對美國的看法又如何呢？

明治四十一年八月原敬前往歐美旅行，他先在美國停留一個月左右，後於十月八日自紐約出發前往法國時，記述如次：「今日終獲親見美國之機會，其確為一蓬勃之國，雖說當前經濟不景氣受其影響之處甚多，然其全國性活動之形成明顯得見。此國未來對全世界將有何影響，應多予關注；此事之重要性自不待言。」並且他也在歐洲發現，廣大的領域正趨於美國化，復道：「美國不僅政治、經濟，乃至風俗均有其影響力，此事態實令人驚異。」原敬發現美國具有巨大的影響力後，即變得非常重視與美國間的協調工作。而後藤新平發現美國具有巨大實力後，為了與之抗衡，提倡了新舊大陸對峙論；另一方面他更主張，以經濟關係來緩和與美國對立的情況。

總之，對原敬來說，國際關係就應該以「外交」來處理。不過他把一般的外交交涉，批評為「理論之爭」，可知原敬的「外交」是立足於宏觀的世界趨勢發展之上的。

特別的是，他是一個可以把國際關係中意識型態的力量，評價為現實主義的人物。而後藤新平認為據於國際關係核心的是「商業」，他很清楚商業把彼此關聯的當事者結合在一起，就具有改變國際關係的力量。在這一點上，後藤新平是超越原敬的，不過他對意識型態的力量之認識則不及原敬。原敬外交的基調是與美國協調，而後藤新平則認為要與中國及俄國合作；兩人的觀點都具啟發性。兩人同樣都被當作「國賊之子」而遍嚐辛酸；原敬原是外務省官僚，而後藤新平則原是衛生、殖民地官僚，亦即都是技術官僚出身，努力表現才晉升為領導人。他們二者所擁有的視野均遠超過一般外務省的官僚，職是之故而成事功，不過他們兩人的對外政策卻無法互補。

編按

① 基於第二次日韓協約（或稱韓日協約），日本政府於一九〇五年（明治三十八年）在韓國漢城設置統監府，伊藤博文自任首任統監。統監府即總督府的前身。

第三章

1908-1913

官僚政治與政黨政治

一 第二次桂太郎內閣時代

遞信大臣

明治四十一年七月，桂太郎第二次組閣，後藤新平辭去滿鐵總裁之職，繼任遞信大臣。

後藤新平辭去滿鐵總裁一事，曾引發了一些負面的批評。曾在後藤新平身旁，時任台灣總督府土木局長的長尾半平，修書一封給他，內容批評道：「此次閣下就任新職（吾亦隨俗慶賀您榮調），實與您平生具有之敏銳觀察力極不相當，此事可謂胡鬧。閣下捨去部長以上之榮職，屈就於泛泛遞信大臣之位，荒唐也該適可而止。」

然而，後藤新平並未離開滿鐵，桂太郎在組閣之前就已經議決，除了外交事務，將滿鐵的監督權，全部自外務省移轉至遞信省。任用後藤新平為遞信大臣，可說是有附帶條件的。接著十二月時成立鐵道院，鐵路的業務從遞信省移交給該院管理，不過由於後藤新平亦兼任鐵道院總裁，故滿鐵依然受其指揮。其間滿鐵總裁之位雖然懸缺，不過十二月時副總裁中村是公即扶正，同時理事國澤新兵衛繼任副總裁。總之實際上，後藤新平為滿鐵最高指導者的狀況並沒有太大的改變。

明治四十一年七月受任為遞信大臣

遞信大臣一職，以當時一般人們的認知係屬陪襯之職，不過是二流的職位。但是，不管陪襯或二流，大臣就是大臣，後藤新平迷戀盛大且強有力的事物，以一般人的觀點來看，他實在是天真得過於單純的俗人。後藤新平認為滿鐵的監督權仍持續掌握在手，還得到了大臣的職位，已感到非常滿足了。

後藤新平在當時有一段非常有名的插曲。某日東京市長尾崎行雄請求面見首相桂太郎，那時在首相房內的是後藤新平，他在外稍候了一會兒。後藤新平離去後，尾崎行雄和桂太郎交談還不到十分鐘，後藤新平又回來了。尾崎行雄無法理解地問他：「後藤兄您不是剛剛才回去的嗎？」桂太郎笑著說：「不，這種事情一點都不稀奇。他從這裏離開，回到自己官邸的途中，一有什麼念頭，馬上又折返，一天當中總要來回個三、四趟。雖然他每一次都會提出不同的新意見，但是三、四個當中總會有一個是最好的意見，所以我都會認真地接見他。」這個插曲一方面顯示後藤新平的構想豐富的程度，也可看出他在桂太郎幕僚成員中表現得非常積極、活躍。對後藤新平來說，大臣並不是單純的行政長官，他實際參與規畫國政的機要事務，後藤新平對這個工作樂此不疲。

並且，實際上遞信省對後藤新平來說是非常合適的機關。就像他在台灣到處騎著自行車一樣，後藤新平喜歡新奇的、科學的事物，而在遞信省裏面有足夠的事物可以滿足他的好奇心，其中之一就是電力。後藤新平嘗試進行有關水力發電的大規模調查事業，發揮了他頗自得的調查癖好，他並指示電費降價，致力於電力事業的普及與發展。

此外，另一項事業是電話。後藤新平為了使電話普及，他推動通話費以次數計價的制度。當時的電話費率和現在不同，不管打多少次，電話費都是固定的，這個制度對通話次數多的人較有利，然而對電話的普及而言則形成極大的阻礙。由於報社等大量使用電話者的反對，他所提的次數計費制未能成案，真到大正九年都無法竟功，可以想見當時的電信事業是多麼地落後。

在郵遞事業方面，限時及保價郵件制度，都是肇始於後藤新平擔任遞信大臣的時期。在此之前使用之黑色木製郵筒，是他提案改為紅色金屬製的；此作為頗能顯現他一慣奢華的作風。此外，後藤新平致力於郵政簡易保險的實現，則源自於他衛生局時代以來對社會政策的關心。

不過，後藤新平在國務大臣會議上的答詢則有相當多的失誤。有關後藤新平答詢的情況，當時貴族院①議員鎌田榮吉有如下的描述：「有一次，我對遞信大臣後藤新平提出五項有關輕便鐵道的質詢。休息時在餐廳遇到他，他說：『你的質詢我總覺得是在開玩笑，所以沒有認真聽，只聽到了一個。』這番話實在令我啞口無言。他答詢時毫無邏輯，根本聽不懂他在說什麼。大家都聽得一頭霧水，所以又笑又鼓掌，不料他認為那是鼓勵，更是變本加厲不知所云，全場簡直因此而笑翻了。」

剛開始後藤新平對遞信省的法案細節部分不是非常瞭解，在推動電力事業法時，遞信省主張電費採取認可制，鐵道院則對此表示反對。然而，後藤新平身為遞信大臣，即是該法案的負責人，卻以鐵道院總裁的立場表達反對認可制的意見。怒氣沖沖的遞信次官詰問他時，他答道：「唉呀！不要那麼生氣嘛！遞信省的意見也好，鐵道院的意見也罷，何必在意立場的問題呢！」次官聞言呆立無言以對。

關於電力事業法還有如下的小插曲。有一天，後藤新平為了準備議會質詢，他清晨六點就把負責的幕僚人員叫到官邸以聽取相關的說明，但是聽了十分鐘左右，他便開始自誇其在台灣時期水力發電的開發成就，一直說到要去議會答詢的時間為止。在這種情形下，面臨議會質詢便常被挑毛病，不過後藤新平本人似乎對此毫不在意。

後藤新平並不是經常對法案的細節欠缺理解，只是他自己認為重要的部分，和議會審議的重點有所出入所致。正因如此，沒有必要低估他豐富的想像力，但是也不必以其豐富的想像力掩飾他這個缺陷。後藤新平所提的許多計畫在議會經常以失敗告終，原因之一是由於他的提案都超過一般人所能理解的程度；不過不能忽視的是，他的身邊欠缺堅韌頑強的團隊努力，亦是致使法案無法通過的重要因素。

鐵道院總裁

桂太郎內閣成立五個月後，於明治四十一年十二月設立鐵道院，後藤新平兼任該院總裁。鐵路國有化在前任內閣時期就已經完成，該項業務雖屬遞信省鐵道局掌管，然為了使其成為一統合組織，以利於發展，便設立內閣直屬的鐵道院。後藤新平原本就是鐵路國有化論者，再加上他在台灣及滿洲擁有豐富的相關經驗，派任他為總裁是在組閣前就已敲定。

鐵道院成立後有幾個課題待解決。首先，至該院成立之前總計有十七個各不相屬的公司，要如何將其統合成單一的組織，這是第一個問題。另外，當時尚未發達的日本鐵路事業，要如何將之提升至歐美先進各國的水平，這是第二個問題。

除此之外，還有一些鐵路國有化後必然會產生的一些問題。首先，要如何防止組織的官僚化，使個人的創意、巧思得以發揮，這是其一；而要如何防範其成為政爭的工具，這是其二。這兩個問題最後成為國有鐵路的致命傷，昭和四十年代時招致國鐵急遽地沒落，遂於昭和六十二年被分割而民營化，這些情形至今日本國民應仍記憶猶新。

後藤新平在其就任總裁未幾，曾於其備忘錄中提出有關組織改革的基本方針：

第一、課長（譯注：科長）中心主義。他認為應在課長、係長（譯注：股長）層級聚集許多人材，將實務上的權限及責任集中起來，其目的在於摒除書面層層請示無效率的作法，使課長以下人員不再心存依賴，將責任轉嫁給上司；此外，他更將視野更為廣闊之事業的指揮權儘可能交付給部長（譯注：處長）、局長。

第二、現場第一主義。官僚制度的通病在於管理部門不斷地膨脹，後藤新平憂心此種現象，他認為：「可將卓越人材置於直接與社會大眾接觸之執行任務的層面」。

第三、適才適所主義。這個主張理應如此，但在大單位，特別是政府部門並不容易執行。後藤新平認為，人事運作為求標準一致，往往使擁有特殊技能的人材，在與之專業毫不相干的職場上工作，這種情形在任何時代都很常見。此主張與下一方針有關。

第四、視能力給薪。他認為如不依工作內容給予待遇，將令雇員的工作意願低落。

第五、加強人與人之間的聯繫。後藤新平認為提振組織全體的士氣是必須的。

後藤新平在經營的方針上，首先得以實現的是他制定了獨立的會計制度。鐵路要是以一般會計的方式處理，很可能會成為政治的犧牲品。後藤新平將之獨立會計化則能予以防範，並在獨立的會計範圍內發行公債，嘗試積極地營運。

另一方面，後藤新平亦厲行徹底節約經費。他在鐵道院總裁任內，前後計三次裁減了超過八千名工作人員。這也是在殖民台灣時期就已經試行過的政策。其次，他在材料的購買方法上也下了一番工夫。國有鐵路以往都是照業者出價買下最高級的材料，作法過於闊綽。經過後藤新平努力的結果，以一桶五元五角的水泥為例，他用三年內購買一百萬桶的條件，使價格降低到每桶三元五角。此外，對顧客要服務親切，似乎也是後藤新平的指示。他認為如果謹慎地處理貨物，除了符合貨主的期望，因破損支付的賠償也會減少；另外，親切地回答問路的旅客，解決他們的問題，自然能使問路次數減少。後藤新平即以上述的觀點，來指導鐵道院的工作。

後藤新平的作為當中，引起極大爭議的是制定制服。他所制定的制服乍看之下似海軍軍官的軍服，其上飾有金鈕扣、金條鑣，典禮時還佩軍刀，這個設計引起相當大的爭議。明治四十二年四月二十八日的《時事新報》評論道：「政府的買賣總歸是外行人在做生意，索性當個佩刀的武士如何?穿上武士的禮服會更有意思。」不過，後藤新平仍一意孤行，原內閣床次竹二郎總裁僅指示現場工作人員最好穿上制服，但後藤卻規定所有的人員都要穿制服。

後藤新平極喜歡制服，他在台灣總督府時期也因制定制服而引起非議。當時他制定制服，是基於節省服裝開支、機動性強、安全有保障等五花八門的理由，其中更隱含現場第一主義的意涵，但是最大的理由應該是提高組織的士氣。後藤新平經常穿著總裁的制服，特別在地方視察的時候，他總是纏著紅色皮製的綁腿，別上一等旭日勳章，他在前面意氣風發地走著，許多屬下則尾隨其後。許多人批評他的視察像諸侯出巡一樣，不過鐵道院工作人員的士氣卻受到極大的鼓舞。據說，他在明治四十三年水患過後，以大陣仗視察災情，而獲得「日本羅斯福」的綽號。

後藤新平亦如過去擔任衛生局長時般地關心員工的健康、設立醫院及重視環境健康。在地方視察時也經常不經意地走進浴室，讓沐浴中的職員大吃一驚，或信步走至廁所去看一看。後藤為了員工的福利，更創設了互助合作社。此外，大家所熟知的日式經營，特別是「企業一家主義」等，其中的各種巧思多是由他導入。

後藤新平總計三次任鐵道院的總裁，經他任內多次努力，卻始終未能實現的是鐵路幹線的寬軌化。為了提升輸送力，及實現與大陸鐵路一貫的運輸，他規畫並推動從東京至下關路線的寬軌化。軍方對此亦表支持，但是受到政黨，特別是政友會的掣肘。政黨主張應該將有限的財源用來建設更多新的鐵路，就如「鐵路拉到我田邊」的口號般，政黨政治人物希望藉由在地方舖設鐵路，得以振興當地的建設，並培養選舉的地盤。在這些抵制之下，寬軌化的提案始終無法成立。寬軌化延宕至一九六四年的東海道新幹線的提案才得以通過。

此外，後藤新平在鐵道院總裁任內所著手實施的措施，有許多是超越當時常識之舉，例如東京市內高架鐵路工程即為其一。明治四十二年十二月時，前此尚為蒸氣鐵路的山手線，首次開始行駛電車，可說是轟動一時的大事件。新舖設的熱海線亦為其一，這個計畫他把迂迴的東海道線御殿場方向的急傾斜路線，藉由建設丹那隧道等，縮短了距離，而且傾斜亦減緩，對運輸力的提升極有助益。然而，由於反對聲浪強大，此計畫正式決議時已是大正元年，工程開始則為大正五年，全線完工則遲至昭和十七年。由此可知丹那隧道的困難度，以前日本教科書當中必會描述此段鐵路建設之艱辛。另一個經過長期奮鬥仍未臻實現的是鐵路全面大規模電氣化，這個計畫的肇始者也是後藤新平。如前所述，後藤新平的計畫總是被批評為不是太過新奇就是規模過大，經常都遭到強烈的抵制，不過以今日的角度視之，後藤新平的確洞悉了文明化的方向，這是無庸置疑的。

圍繞滿鐵的各種問題

前已敘述後藤新平以遞信大臣及鐵道院總裁的身分指導滿鐵的運作，而滿鐵在此內閣的支配下，究竟處於何種狀況，預為探討如次。

滿鐵創業的第一個階段總算結束了，不過還有許許多多的問題尚待解決。首先是日本與清廷的關係。桂太郎再次組閣時，後藤新平離開了滿洲，那時是明治三十九年，北京條約仍在擬定當中，同時滿洲權益亦有許多尚未實現，例如預定為滿鐵幹線之一的安奉線之改建尚未著手進行。安奉線的使用期限較滿鐵主幹線短得多，除了遣返軍隊一年、改良工程二年，合計三年之外還剩十五年，亦即使用到大正十二年底為止。而且，由於安奉線係軍事用的輕便鐵道，坡道斜度大且運輸效率低劣，不予改建則幾乎無法使用。而該線之所以遲遲無法改建，是由於清廷認為日本的計畫逾越了條約中所律定的改建（improve）之範圍，已經是重建（rebuild），所以抗拒日本的計畫。此外還有新法鐵路及間島（滿洲南方，朝鮮國境沿邊區域）現住的朝鮮人之相關問題等，許多問題猶待解決。

西園寺公望任首相時期，包含前述問題的滿洲懸案堆積如山，如果說這是其內閣垮台的原因之一，應不算言過其實。因此桂太郎內閣想要一舉解決這些懸案，明治四十一年便與清廷進行強硬的交涉，九月時成功締結了「關於滿洲五個問題的日清協約（編按：中國稱之為間島協約）」等協定。清廷此時正巧政變紛起，情勢演變為袁世凱等的對日強硬派失勢，清廷的對日政策便和日本的強硬政策相一致，此協約因而成立。

桂太郎內閣時期，第二個值得注意的是對美國的關係。美國國內，在滿鐵成立之前，即已出現如鐵路大王哈里曼者企圖經營滿洲的人；此外，奉天總領事史特萊德等國務院內處理遠東事務的人，批評日本滿洲政策過於封閉，希望依據美國在該地的經營實現門戶開放；這些人的動向應予以密切注意。然而老羅斯福總統卻壓制這些作法。老羅斯福係鑑於美國發生了日本移民的問題，此外，他顧慮到日本在滿洲的利害攸關其存亡的急迫感，便判斷如默認日本對滿洲的擴張，將成為美國的基本利益，便摒除國務院遠東司的意見；這即是一九〇八年十一月羅脫・高平協定的由來。

但是一九〇九年三月塔虎脫總統就任後，國務院遠東司的意見就變得非常強勢，美國的遠東政策也開始變動，美國在滿洲的經營計畫顯得較為活躍。例如美國計畫建設錦齊鐵路，從錦州至齊齊哈爾，進而到北邊的瑷琿（錦瑷鐵路），在一九〇九（明治四十二）年七月時積極地推動。倘若前述的計畫真的實現了，必定會成為滿鐵的勁敵。此外，在同年底，美國以緩和日、俄之間對鐵路問題對立之名目，提出滿洲鐵路中立化的計畫，即由美國貸款給東清鐵路及滿鐵雙方，而讓清廷收購。當時，日本在中國的滿洲權益能否被確保仍不明朗之際，更遭逢美國這一強勁的競爭對手。

然而，美國這項政策，對日本來說反而使重要的第三外交關係，亦即日、俄關係好轉。俄國方面也對美國這種協商非常反感，便提出與日本合作否絕美國這個計畫的方針。明治四十二年夏，俄國即已警覺到日本對清廷採行強硬外交作法，儘管如此，在不到一年的時間裡，日、俄關係得以益形密切的原因，與美國草率地想要經營滿洲，刺激了日、俄兩國有關。

依據上述即可理解，後藤新平在與滿鐵相關的外交層面獲致了重要的成果。當時實際的情形到底如何雖難以得知，但後藤與俄國駐日財務官維爾廉金及駐日大使馬列米契經常會談卻是實情。維爾廉金在後藤住在官邸的期間，曾借住在後藤的私人宅邸，兩人的交流似乎相當頻繁。此外，後藤與駐日大使馬列米契在明治四十二年十一月二十日起至年底，歷經四次討論錦齊鐵路的問題。後藤在過程中強調兩國在滿洲擁有共通的利益，倡議兩國與清廷交涉應齊一步調。後藤以前就是眾所周知的日、俄合作論者，而他在內閣中又位居滿鐵監督者的地位，想必俄國一定為此大為放心。進而在第二次日、俄協商中，後藤新平的主張得以實現，他亦因此而完成了許多計畫。

與滿鐵相關的對外關係就如前述般照著後藤新平的主張而推展。然而，日本國內體制的整備卻反而未能配合滿洲的經營而遲滯不前。這個時期浮現的問題當中，包括在滿洲設立特殊金融機構的計畫，亦即後藤認為，為了讓在滿洲的日本人的事業得以開展，必須設立提供長期低利資金之特殊銀行的主張。在明治四十二年的議會中，後藤新平依前述立場提出「滿洲租借地內設立金融機關建議案」，幾乎全場無異議地照原案通過。日本政府雖據此結果展開相關調查，大藏省卻提出毋需設立特殊銀行的結論，既已無息貸款三百萬日圓給橫濱正金銀行，該行在滿洲已有相當的勢力，便決定讓其在營業範圍內，以低利提供事業資金，稱之為「正金特別貸款」。

關於這個想法，正金銀行總裁高橋是清表示，有關新開發地的金融機關之發展應循序推進，首先剛開始是高利率所帶來的繁榮，接著是確實的工商業勃興後，對高利率的弊害無法承受，然後才推進到第三階段，設立與之相當的金融機關，可是滿洲的狀況甚至連第一階段都還談不上。

後藤新平對上述想法從正面予以反駁，他認為：「於滿洲，不應仰賴金融機關以扶植各項拓殖經營之潛在勢力，亦即不應使滿洲之金融成為遂行某事業目的之便，應使之發展其拓殖經營的核心機能。」其次，他批評大藏省的提案道：「不了解滿洲的經濟狀況，忘卻殖民銀行之本義何在，未來卻欲派任我日人擔任滿洲之經濟主宰者，則不免遭人譏笑。」總之，大藏省的提案是為了因應現實需要所提出的，後藤新平則基於金融機關的立場，希望能帶領滿洲發展經濟。然而，當時日本的經濟力尚未強固，後藤的提案終未能實現。

此外，後藤新平還有一個夢想，他希望滿洲的經營指導體系能夠統一，不過亦同樣未能實現。明治四十三年內閣中設置了拓殖局，桂太郎任總裁，後藤新平兼任副總裁。但是，拓殖局是為了避開外國的注意，以吞併韓國預作準備的機關，對滿洲的經營僅是聊備一格。因此，明治四十三年八月吞併了韓國後，待其相關善後告一段落，桂太郎及後藤新平便在明治四十四年五月辭去拓殖局正副總裁之職。

令人感興趣的是，此後，後藤新平對有關經營朝鮮殖民地提出了何種政策？他在備忘錄上記載著：「韓國之外交權一旦為我所獲，可令其內治，依舊任命國王並兼韓國官吏，縱令其行為有害於韓國國民，以不試圖過於干涉為上策。」上述內容雖然並未超出臆測的範圍，不過，以後藤新平始終主張「生物學原理」觀之，他恐怕會提出與強勢支配殖民地相違背的政策才是。

二 在野時代

國際環境及日本國內政治

明治四十四（一九一一）年八月，第二次桂太郎內閣總辭，第二次西園寺內閣成立，後藤新平終於成為在野之身。

同時間，東亞的國際關係正面臨轉機：首先，中國十月爆發了辛亥革命，翌年二月，清廷覆滅，日本對外政策的重要前提條件之一已不復存在。

其次，明治四十四年十一月，由於安奉鐵路改建及鴨綠江橋架設完成，朝鮮鐵路與滿鐵接軌，從釜山可直接運輸物資至奉天，至此，明治三十九年簽訂的北京條約，有關滿洲的權益大致均已實現，可謂已達成日本經營滿洲的最低目標。

另外，日本與列強之間的關係上，於南滿洲的地位獲得了進一步的強化。明治四十四年，美國也想以清廷的幣制改革及滿洲開發為目的，貸款五千萬美元，以期阻止日、俄兩國在滿洲的勢力日益強大。但由於日、俄及法國反對，迨至十一月，美國的意圖終未能達成。美國這個計畫的挫敗，繼新法、錦齊鐵路中立化後，使得美國以外的列強間，烙印上在滿洲與日、俄作對將有害無益的觀念。明治四十四年底至四十五年六月，英、美、德、法四國借款團再加上日、俄，成立六國借款團，此時，各國已默許日、俄在滿、蒙的特殊權益不予侵害。

上述的變化，反而令日本的對外政策目標顯得不明確。滿洲經營體制的整備已大致實現，更獲得各國的支持或默認。其次，由於日本本身設定要達成的目標已消失，再加上清廷的滅亡，使得對外政策反而變得難以確定。

另一方面，日本國內政治上似乎也出現了轉機。日俄戰爭以後，長州閥和政友會是日本政界的二大勢力，兩者雖然不斷地反覆對立，但以宏觀角度視之，不如說是相互合作。桂太郎內閣時期，政友會在眾議院給予支持，西園寺公望藉政友會的力量來組織內閣，桂太郎亦予以支持。事實上，從日俄戰爭結束後，到明治四十四年秋為止的六年間，除了因任期屆滿而舉行的眾議員總選舉外，尚無因內閣解散而舉行的總選舉。此外，兩次的內閣交接都是在前任首相及繼任首相相互同意下進行的，這個時期以桂太郎及西園寺公望二人之名，稱為桂園時代實不無道理。

但是，在這個期間，政友會的勢力卻慢慢地擴張開來。例如，在第一次西園寺公望任首相時，可說是以政友會為基礎而組閣，是帶有全國性色彩的內閣；但是他第二次組閣時，內閣的政黨色彩就相當強烈。就政策面而言，西園寺公望內閣提高了延續桂太郎勢力而來的獨立性；而桂太郎內閣為了得到政友會的助力，其付出的成本節節升高。

前述政友會勢力擴張的原因，其一為第二大黨憲政本黨，及其後來演變而成的國民黨未改變其與藩閥的敵對姿態。亦即藩閥內閣為了遂行政策，必須獲得政友會的協助；政友會面對這種態勢，遂暗示與憲政本黨，乃至國民黨聯手起來，達到威脅藩閥的目的。

政友會勢力的擴大，在日本政界也開始衍生出種種的變化。在藩閥、官僚閥當中屬少數派的薩派及海軍（兩者有許多重疊的部分），開始向政友會靠攏，政友會基於對抗長州閥的觀點，對此表示歡迎。而第二次西園寺公望內閣時，海軍之軍備擴充較陸軍為早，與此一事態不無關係。

對軍備擴充落後一事，陸軍甚表不滿，部隊的中堅階層認為其陸軍前輩桂太郎及寺內正毅等過於軟弱，開始和他們發生衝突。山縣有朋在長州閥中居元老的地位，其存在具有象徵性的意義，此事說來並非其權責，因此他也僅以批評者的態度，認為桂太郎及寺內正毅過度協助政友會，毫不隱瞞心中的不滿。

第二大黨國民黨當中，不滿的聲浪亦逐次高漲。不滿者認為國民黨若仍主張反藩閥，單就為政友會所利用這一點看來，永遠沒有出頭的一天。首先應依附政權，因之政友會將成為競爭對手，所以不應該在靠攏藩閥一事上有所猶豫，有上述想法的改革派，在國民黨內開始擁有強大的勢力。

日本國內這種權力的對立，重要的是其與日本的對外政策關係密切，從而也造成了前述日本對外關係上，產生結構性的變化與連動。政友會、薩派、海軍認為日本不需要與大陸國家有過多的承諾，應將軍備的重點置於海軍的擴充。另一方面，長州閥、陸軍、國民黨改革派則主張日本應以大陸國家的立場發展國力，並積極地擴充陸軍軍備。因之，日本政界有關大陸問題就分為漸進和積極二派。

此時，後藤新平本身也面臨了一個極大的轉機。過去他在對外政策方面卓有績效的原因有二，其一是對於該解決的課題都有日本國民的背書，另一個是有長州閥做強力的後盾。現在，他在這種政治演變的情勢中，要以科技官僚的身分一展長才，就顯得力有未逮。此後，他必須轉變成由自己製造狀況的角色。

中國革命與訪問俄國

後藤新平首先面對的是中國的辛亥革命。西園寺公望內閣在與英國協調的基礎上，希望中國在君主立憲體制下，清廷和革命派達成妥協。然因英國期望以袁世凱為中心來收拾殘局，並決定承認共和政體，造成日本至明治四十四年末為止的中國政策全盤皆没。

後藤新平這段期間主張支持清廷，並批判政府的措施，這是源於他日清合作論的主張。當時倡議支持清廷的人並不少，但許多人認為藉此可與清廷交換條件，獲得若干權益，而出兵滿洲也可成為將來的佈局。後藤新平支持清廷的主張很顯然地和陸軍的許多觀點相反，他期望的是比較真誠的日、清合作。

此事可從後藤新平很快地撤回支持清廷的主張，倡議亞洲門羅主義而獲得理解。以其觀點而言，中國人彼此間的紛爭對中國人，甚或對亞洲人都没有任何利益，而且紛爭激化後，對立的一方就會試圖聯合外國勢力以取得勝利，這種弊害極大。他認為：「除此『亞洲門羅主義』，抑或『汎亞洲主義』之外，吾人皆無法處於高枕無憂之地」。他警告中國，切莫因內部的對立而造成歐美列強的可乘之機，後藤新平據此觀點表示：「共和制或君主制畢竟僅屬末節之爭」，實際將中國人及其政府視為日本合作的對象，並且像西園寺公望般窺探英國態度而謀動，或像多數日本人般意圖利用中國國內的對立而從中得利等做法，後藤新平皆予以摒斥。

其後，後藤新平在一九一三年中國發生第二次革命及一九一五至一六年第三次革命之時，對中國更加支持，完全没有想乘機利用對立情勢的念頭，這在當時來說確實相當難得。一般來說，關心中國事務的人，不論是心懷好意或別具野心，均強烈關懷中國國內之對立，期望某一方獲勝乃人之常情。就如同後藤新平在日後曾說：「干涉他國政體及內政之愚昧」，概凡對內政或政體的干涉，他是一概沒有興趣的。後藤新平將各民族視為有機體，他不願意偏袒任何一方，而且他認為其效果是非常微小的。這應可歸結於其個人「生物學」的世界觀。

明治四十五年七月，辛亥革命已告一段落，後藤新平和桂太郎及前大藏省次官若槻禮次郎等，同行出發至俄國及歐洲旅行訪問。旅行的目的之一，依若槻禮次郎的回憶，是調查有關政黨的狀況，亦即桂太郎開始思考組成政黨的問題，他認為英國政黨的運作獨具特色，他想實際去觀摩；不過，更重要的是，有關對中國的政策方面，他想與俄、法、德、英各國有份量的人物，毫無隔閡地協商，達成協議。

其中，尤以俄國特別受到他們的重視。日、俄兩國有份量的政治人物，針對中國的政策敞開胸懷對談暢言，是後藤新平長期以來的主張。正因為他曾規劃伊藤博文訪問俄國，這個夢想後因伊藤博文遭暗殺而受挫，所以他認為此次他所計劃的旅行，可藉桂太郎的晤訪予以實現。

明治四十五年七月六日，桂太郎及後藤新平抵達大連，前東三省總督徐世昌來迎。袁世凱料想彼等一行將赴俄國，卻針對中國問題展開對話，特地從北京派了他的心腹徐世昌到大連共同商談，可見此行訪問俄國是如何受到囑目。

七月二十一日桂太郎及後藤新平抵達聖彼得堡，翌日便與首相可可夫佐夫會面，針對中國問題雙方交換意見。在會談中，可可夫佐夫鑑於中國政府沒有充分維持秩序的能力，因此主張短時間之內絕對可以佔領滿、蒙，另外並提議利用其他的時機，由俄國分割滿、蒙。不過，桂太郎等人並沒有附和他的主張，桂太郎只是想對可可夫佐夫強調日、俄更密切地合作，以處理日後國際情勢的必要性，俄國對這樣欠缺穩健及具體性的晤訪可能多少有些失望，不過對於非政府當局的彼等一行人來說，要涉入超越限度的議談的確是有困難的。

不過，如認為桂太郎等人的政策毫無實質內容，亦不恰當。在此次旅行中，桂太郎和日本駐英國大使加藤高明取得了密切的聯繫，要他去探知有關英國的情勢，亦即可以說他們一行人仍在摸索日本與俄、法、英三國之間，協商當時各國尚不穩健的中國政策的可能範圍。並且，桂太郎的意圖是要達成日、俄、英、法四國間對中國問題密切的合作關係，而這也是後藤新平的意圖。明治四十年代的前半期，確實因日、俄、英、法四國合作，牽動了遠東地區的國際政治局勢。後藤新平認為，為了掌握因辛亥革命而混沌不明的中國情勢，有必要進一步強化各國的合作關係，這便是他新舊大陸對峙論的內容。確實，桂太郎一行人的中國政策並不具體，但在當時來說，就算僅和政府部門有份量的人士會談、交換意見，都可以說已具有相當重要的意義。而與歐洲有份量的政治人物的會談如能持續下去，假使日後桂太郎欲再次組閣，遇上要處理重要的中國事務問題的情況，這趟旅行所孕含的意義，就顯得相當地深遠了。

然而，他們到達聖彼得堡不久，即從日本傳來明治天皇病篤的通知，他們一行人中斷了旅程，二十八日便馬不停蹄地起程趕回日本，而二十九日天皇駕崩的通報便送抵。繼先前伊藤博文被暗殺，日俄會談未能竟功，此行後藤新平的構想又再一次受挫。

三 大正政變及桂太郎新黨

大正政變

桂太郎自俄國返國後，於大正元年八月十三日入宮，擔任內大臣並兼待從長之職，這樣等於退到政治第一線之後，對未來仍抱有野心的桂太郎而言，雖然感覺相當迷惘，但是新天皇即位後，宮中須有具份量的人物，他被這樣的言論所迫，而接受了這個職位。然而這個安排是一大敗筆，因為桂太郎其政治活動被大幅地制約，日本失去了一位有份量的政治人物。

是年，在編列下年度政府預算時就困難重重，係由於內閣的目標在於行政及財政的整頓，而陸軍則主張須著手增設駐朝鮮的二個師團，雙方相持不下。西園寺公望內閣自成立以來，先進行了海軍軍備的擴充，對辛亥革命消極地應對，又不願致力於處理滿洲問題。對陸軍而言，針對上述內閣傾向增設朝鮮的二個師團，具有再次確認向大陸發展之重要性的意義。

雙方相持各不退讓的結果，上原勇作便辭去陸軍大臣之職，由於陸軍不願派出繼任人選，演變成內閣於十二月五日總辭，這便是所謂的「謀殺西園寺公望內閣」，輿論的撻伐接踵而至，再加上繼任首相人選難以決定，結果桂太郎便出宮，進行第三次組閣。

桂太郎被視為陸軍幕後的黑手，而遭到輿論嚴厲的批判。眾人批評他出宮後立即組閣，更批評他多次擅用詔書。群眾運動的聲勢自西園寺內閣解散時起即已高漲，如今更轉而發展為大型的憲政擁護運動。

不過，將桂太郎看作是此次政變的幕後黑手其實是錯誤的。陸軍的中堅階層田中義一等人，對桂太郎前此向政友會所採取的妥協態度，心中就懷有強烈不滿，對桂太郎的組閣並無好感。事實上，桂太郎早就希望脱離宮中，雖然下決心要組閣，但完全沒有想要與姿態強硬的陸軍採取同一步調。相反地，為了與政黨政治相對抗，必須要考慮的是強烈呼籲輿論的政策，例如陸海軍軍備擴充的延期、軍部大臣現役武官制的廢止、殖民地總督武官制的廢止等，如果這些都兑現的話，必招致陸軍的恐慌；他即在暗地裏推動這些計畫。而大正二年一月二十日，桂太郎確立新政黨組成方針一事，也不能視之為他為應付當時狀況的權宜之策。那是他想突破多年來體驗到的官僚政治之局限，更進一步貼近輿論的作法。

但是，這些作為全部適得其反。桂太郎利用和西園寺公望長年的交情，離間政友會和群眾運動，然後和政友會妥協，進行利益交換，打算藉此整頓情勢。不過桂太郎新黨之組成，很明顯地把政友會束縛住了，而高漲的群眾運動又超越了政友會幹部所能控制的範圍。桂太郎進而向西園寺發出敕令，想要和政友會交換對政府的批評，不過仍以失敗收場。因為桂太郎雖可說服西園寺公望，但西園寺公望卻無法說服政友會多數的會員，因之西園寺公望背負了違背敕令的污名，從政友會總裁之位下台，同時反政府運動愈演愈烈，桂太郎終於被迫在二月十一日宣告內閣總辭，此任內閣是日本史上最短命的內閣。

後藤新平在桂太郎幕僚的地位已相當穩固，桂太郎第三次組閣，他亦在內閣成員名單之內。後藤新平的新職是遞信大臣兼鐵道院總裁及內閣拓殖局總裁，然而由於內閣夭折，以其政務官身分來說，並無任何耀眼的成績，比較重要的是他在桂太郎內閣中所從事的幕僚活動，特別是桂太郎向西園寺公望遊說時他所擔任的角色。

例如在一月十七日時，後藤新平與西園寺公望會談時指出，桂太郎就任之際，西園寺公望亦為內閣推薦成員之一，並請他協助桂太郎。之後這次會面談話被做成紀綠，請西園寺公望過目確認內容。這當然是極端機密之事，不過卻成了二月一日報紙的頭條新聞，這個消息應該是後藤新平洩漏出去的。他就是這樣的一個人，當他確信目的是正當時，便不擇手段去達成。這件事當然挫傷了西園寺公望的名譽，同時，他對後藤新平行事各方面的不信任感也深植心中，後藤新平終其一生未能成為首相，此事的影響非常巨大，特別是日後西園寺公望成了唯一的元老之後，這種影響更為明顯。

同志會的成立及脫黨

後藤新平由於就在桂太郎的近側，所以理所當然加入了桂太郎的新黨（日後的立憲同志會），他在該組織中也佔有重要的地位。桂太郎的新黨到底是個什麼樣的政黨呢？首先從參加者開始瞭解。

參加新黨的眾議員當中，有國民黨以改革派為中心過半數的議員（國民黨全部九十名，其中的五十名），如大石正巳等，以及傳統的吏黨（親藩閥的政黨）、中央俱樂部的全部成員（三十名），加上其他屬性眾議員，合計九十名。當初預料，政友會應有相當數量的參加者加入桂太郎陣營，所以實際成員的數字頗令人失望。

除了眾議院議員之外，首先有山縣有朋任有力的幕僚，及中央俱樂部的實際指導者大浦兼武（桂太郎內閣內相）參加。山縣有朋派系的官僚當中，支持桂太郎組成政黨的人雖不少，但因輿論批判桂太郎在首相任內就開始組黨，令彼等卻步，所以並沒有其他加入者。所以，從官僚體系加入新黨的人都比較年輕，也和桂太郎有直接密切的關係，便成了碩果僅存加入桂太郎第三次內閣的成員。後藤新平是其中最年長的，其他還有仲小路廉（遞信大臣）、若槻禮次郎（大藏大臣）、濱口雄幸（遞信次官）、江木翼（內閣書記官長）等，加藤高明（外相）亦於稍後加入。

對新黨的未來，在如此多樣的參加者之間無法充分達成共識，可說是必然的情況，而後藤新平其後的行動，亦讓此事態提早暴露出來。

大正二年五月，後藤新平製作了題為《向立憲同志會會員諸君提問》的小冊子，散發給同志會會員，後藤新平在其中主張：基於欽定憲法之理論，內閣是對天皇負責，而非對議會負責，因之政黨不是為了收授政權的機關，而是用來教育國民的組織。新政黨的活動只顧勢力的擴張，汲汲於政權的獲得，此種行為與政友會何異？桂太郎立志要成立的應該不是此種政黨，政黨不是媚於輿論的組織，而是要去教育民眾。後藤新平如此論述，並要求每個人要向全體黨員明白表示贊成與否。

後藤新平這種言論，不單是他一人，或許是明治時期的官僚直率的真心話。但是，這對長期主張政黨政治的舊國民黨派系的政治人物而言，為了獲得政權，必須擴張政黨勢力，他們對否定這種觀念的言論是絕對不會允許的。不論吏黨，或舊中央俱樂部派系的政治人物而言都是一樣的，政黨的政治人物要是在選舉中失敗，就是一個平凡的人。選舉時，聽有選舉權人的聲音，心中裝滿他們的期望，如果沒有選上，再美好的主義或主張，就都一點用處也沒有了。對彼等而言，選舉就是戰鬥，地盤是要用鮮血拼命贖得的。即使同樣是官僚政治人物大浦兼武，他長年領導小政黨在議會中奮鬥，也相當能領略政黨政治人物的這種心理和行為。

此時，同志會由於內閣解散陷入了困境，只不過因意料之外的小勢力，在短時間之內致權力盡失，黨內因此而士氣低落。加之，桂太郎亦臥病在床，病情雖未公開，但確知是癌症，而接掌桂太郎的山本權兵衛內閣又極為強勢。後藤新平的行徑當然已傳到外界，同志會不穩定的狀況便在坊間流傳開來。總之，後藤新平的行徑使處於困境的同志會猶如雪上加霜，黨內各方人馬也相當反感。

大正二年七月，由於桂太郎的病情拖延，同志會便決定設立常務委員制，被選為常務委員的有大浦兼武、後藤新平、加藤高明，及舊國民黨派系的大石正巳及河野廣中等五人。在這五人當中，從和桂太郎新黨的形象最相稱，在政策面有亮麗績效，又和桂太郎有私人交情的幾點看來，就屬後藤新平。但是他推舉加藤高明，加藤高明便成為首席常務委員。後藤新平由於從第二次桂太郎內閣以來便與大浦兼武交惡，再加上先前由於散發小冊子的問題，與舊國民黨派系之間產生了無法彌平的鴻溝，所以他自忖絕無可能成為首席常務委員，便推舉較無派系色彩的加藤高明。

長期臥病在床的桂太郎於十月病逝，同志會隨後便召開常務委員會討論日後的黨務方針。後藤新平提議，為了同志會的發展，先集資三百萬日圓，進行黨組織的根本改造，如果無法完成便解散；他的這項提議與其他四位常務委員產生激辯。完全孤立的後藤新平月底便脫黨離開了同志會，其後同志會選加藤高明為總裁，十二月正式召開成立大會。

過去這段期間，後藤新平的意圖到底何在？畢竟他對籌組政黨也未必熱衷，而到桂太郎病逝前，他也都沒有在政黨中從一而終的打算。後藤新平不管對任何事情所秉持的信念是人品第一主義、人材第一主義，他對埋沒在組織中，或組織集體的行動等狀況並無好感。就活絡政黨的資金等籌措能力而言，後藤新平並不想與三菱株式會社女婿加藤高明為敵，就紮實地將政治人物組織起來的能力而言，後藤新平也非大浦兼武的敵人。就如韋伯（Max Weber）所言：「所謂的政治，就是一種需要耐力以在堅硬的木板上慢慢鑽出洞來的堅毅的工作」，這句箴言對政黨政治格外貼切，而這正是後藤新平最笨拙之處。此後，原敬曾勸說他加入政友會，而大正後期他也曾被憲政會（前身為同志會）的反總裁加藤高明派系所擁立，但不管對哪一政黨，加入的機率都甚低，而即使後藤新平真的決定入黨，也很難認定一定會發展成功。

但是，桂太郎死後，後藤新平在同志會常務委員會議中的提案，不能遽論是他為了脫黨而提出的藉口。後藤新平他一直期望有一個不受黨的利益和策略所束縛的政黨。為了組織這樣的黨，首先需有不附帶任何條件的資金。他最後一個提案是成立一個不依賴加藤財力的政黨，如當初預料般未獲通過，他便離開了政黨。後藤新平恐怕是那種無法成為政黨政治家的人物，然而他的脫黨，使他背負著背叛已陷困境的同志會之形象，因此，輿論對他也有強烈的責難。加藤高明和大浦兼武對後藤新平的作為亦皆無法釋懷，特別是加藤高明，到大正十五年過世前為止，都一直嫌惡他。

山本權兵衛內閣

另一方面，後藤新平和政府山本權兵衛內閣的關係也非常險峻。如前述般，山本權兵衛內閣是薩派、海軍及政友會的聯合勢力，是大陸發展漸進派的代表勢力，因此其大陸政策便按政策逐步地施行。

例如，山本權兵衛內閣堅拒陸軍及長州閥的反抗，將軍部大臣現役武官制予以廢止，改任文官，並將資格任用範圍縮小，自由任用範圍擴大。如此，他在剷除長州閥、官僚閥的據點的同時，並著手進行龐大的海軍軍備擴充，另一方卻對陸軍增設二個師團的要求視若無睹。

對後藤新平來說，特別重要的是山本權兵衛內閣經營滿洲的政策，其中巨大的衝擊是在大正二年底，山本以任期屆滿為由，所進行的滿鐵人事更新。亦即政府撤換掉正副總裁中村是公、國澤新兵衛二人，並令鐵道院技術官僚出身的野村龍太郎任總裁，政友會領袖伊藤大八及奧繁三郎二人任副總裁。尤其以撤換掉滿鐵初期在實務上貢獻最大的中村是公一事，對滿洲當地亦帶來相當大的衝擊。中村是公乘坐夜間列車離開滿洲，當時職員及工人都站在鐵路沿線目送他離去。此外，七名理事當中有六名遭撤換，滿鐵草創期時的元老幾乎全部消失無蹤。以往即使是些微的事情，便將重要幹部全體集合起來研議的獨特工作型態亦將之廢止，改成像一般的公司，總裁、副總裁及理事都待在各自辦公室內個別處理公務。

新人事的背景人物是原敬。原敬一心推動政黨政治，對他來說，拒絕政黨進入的這塊神聖領域，當然要儘可能地縮小，滿鐵自無法例外。當昭和時期的軍部，懷念以統帥權獨立為核心而勢力擡頭的歷史時，一心想要將政治機構全般政黨化的原敬，可說已達成了目標。

然而，以後藤新平的立場視之，政黨侵入滿鐵掩蓋了日本經營滿鐵的重要性，這是不容寬恕的行為。而工作型態的變更亦同，滿鐵帶有特殊的國家使命，他們的作法可說是將之當作一般普通公司經營的愚行。另外，後藤新平為防止官僚化，苦心設計的各種制度，也毀於一旦，他認為係因政友會視滿鐵為禁臠所致（日後此亦成為事實），而他對政友會及海軍無心經營大陸尤為憤慨。

不過，後藤新平對這種態勢卻無可奈何，不論是山本權兵衛內閣，或反對黨同志會都和他敵對，後藤新平陷入了相馬事件入獄以來空前的孤獨之中。

大隈重信內閣的成立及東洋銀行的構想

然而強勢的山本權兵衛內閣卻因為意外事件而瓦解。大正三年初西門子事件爆發，可謂洛克希德飛機公司事件在大正時期的翻版，暴露了海軍內部腐敗的現象，再度使政界受到震撼。首相山本權兵衛個人雖未瀆職，但他長期統理海軍事務，不能說完全沒有責任，至少預定執行的海軍軍擴如此龐大就極不合理，貴族院以輿論高漲為背景，三月時否決了海軍軍擴的預算，內閣便被迫總辭。

山本權兵衛之後內閣組成的過程並不順利。貴族院議長德川家達無意願，山縣閥的清浦奎吾則組閣失敗，最後由元老井上馨推薦的大隈重信擔任首相。大隈重信長期都站在反藩閥的立場，又是維新功臣井上馨的舊友，再從其經歷來看，反政友會勢力的結集是被期待的。

四月成立的大隈重信內閣，以同志會為基礎，進而得到長州閥的支持。同志會當中有山縣有朋的幕僚大浦兼武，其他尚有一木喜德郎任文部大臣；此外陸軍大臣是由長州閥頗具份量的岡市之助擔任。山本權兵衛內閣是以政友會為基礎的海軍上將內閣，從而以漸進的大陸政策為其特色，與之相對的大隈重信內閣是同志會、長州閥、陸軍系的內閣，是採取積極性大陸政策的內閣。

事態有了這樣的演變，後藤新平起初對大隈重信內閣是具有好感的，而大隈重信和後藤新平兩人在構想的架構龐大這一點上亦是相通的，但是內閣是以後藤剛剛脫離的同志會為基礎，縱使後藤本身不介意，同志會卻芥蒂很深，後藤預料大隈內閣成立後，大陸政策活潑化的可能性很大，他認為他可以擔負一部分責任，希望藉此回歸政界，然而實際上後藤要親近大隈重信內閣相當困難。

在這種態勢之下，後藤新平在體制外倡議設立東洋銀行，他想利用因西門子事件的影響，以致無法成立的海軍軍備擴充案的預算，日本出資五千萬日圓，中國亦出資五千萬日圓（由日本貸款）設立總資本額一億日圓的銀行。後藤新平主張日、中合作論，所以他認為「僅只折衝樽俎之類的作為已無效力」，「於經濟關係上，以無法瞞騙之數字相互合作」。從此觀點出發，其目標不是「獲得特別權利」，而係構想建立一處「促使支那及日本於現實共通之利害上相互諒解」的機關，因而著眼於設立東洋銀行。據此，後藤新平論述「與其恐懼支那之抵制，不如使彼等於經濟方面具備抵制之能力」。

到此為止所述後藤新平中國政策之特質已清楚地呈現出來，亦即對中國進行積極的援助，藉此使中國親日化，或寧可使之不易反日而自然與日本聯結在一起，這便是其計畫的目標。在這層意義上，這個計畫是文飾的武備論及新舊大陸對峙論結合之後的產物，後藤新平日後的中國政策，就是依此東洋銀行設立論衍生開展的。

後藤新平得到了元老山縣有朋及井上馨對此提案的支持，他甚至去探詢了袁世凱的意見。不過成為大隈重信內閣外相的加藤高明，自後藤新平從同志會脫黨問題發生以來，對他尤為厭惡。此外，外務省為主流派，未經過外務省，非體制的作法都不獲接受，再加上日本財政狀況也不夠寬裕。因為上述種種因素，後藤新平的計畫便胎死腹中。

編按

① 日本舊憲法下之帝國議會中的一院，相當於兩院制的上議院。一八九〇（明治二十三）年創設，一九四七年廢止。

第四章

1914
-
1918

第一次世界大戰與日本

一 對大隈重信內閣的批判

世界大戰爆發

約自明治四十四年開始，日本的政治中，對於向大陸發展的政策，如前述般，一直圍繞著到底要採積極或漸進的作法而爭論不休，這種對立到第一次世界大戰爆發才告終。由於大戰的爆發，給予日本絶佳的發展條件，後藤新平在此期間所處的位置及完成的任務，予以檢討如次。

一九一四（大正三）年七月二十八日，奧地利和塞爾維亞間發生戰爭，到了八月四日時已將俄、德、法、英四國捲入，發展成空前的大戰。歐洲列強因此而無暇顧及遠東，在某種程度上來說，不得不同意日本自由處理相關事務的權力。此外，中國的袁世凱政府期望藉歐洲列強的協助以抵抗日本，也變得益發困難。從而，隨著戰爭時間拉長，日本的經濟可能取得快速的發展。總之，制約日本大陸政策的各個條件，產生急劇變化，使日本得以改採積極性的政策。元老井上馨稱第一次世界大戰為「天佑我大正新時代之戰」，主要指的就是這種情況。

日本對加入大戰還在觀望之際，八月三日英國即要求日本協助對德國的戰爭。日本政府對此積極地回應，決定向德國提出要求，將膠州灣經由日本歸還給中國，德國對此若無回應，便向其宣戰。由於日本的反應過於積極，日本與英國的關係一時陷入緊張。然而，日本仍在十五日，向德國發出最後通牒，二十三日向其宣戰。一般老百姓對三國干涉還遼還記憶猶新，因而對向德國宣戰表示強烈支持。

不過，二位元老山縣有朋及井上馨，以及朝鮮總督寺內正毅等人，對內閣所採行的決定惶惶不安，他們認為內閣正在利用戰爭，做為獲得國民支持的手段；內閣是如何推斷大戰中乃至大戰後的國際關係，也是他們甚為擔憂之處。特別是他們均主張，以今後決定中國政策的根本，作為參戰的前提。其中自認是大隈重信內閣後援者的井上馨，於九月二十四日與首相大隈重信直接談判，強烈要求擴大日、英同盟，以形成日、英、法、俄同盟，並派遣特使到大陸等。這些都是後藤新平邇來一直主張的政策，從而大隈便擬派後藤新平為特派大使。

然而，外相加藤高明對這些意見並不同意。加藤高明是親英派，他認為擴大日、英同盟就好像把過多的水加到威士忌當中，稀釋得太過分，因此表示反對。正統外交官體系出身的加藤高明，對元老介入政務及派遣特使這類非體制內的作法均不認同，特別是派遣他所嫌惡的後藤新平等事，更認為不值一談。

大隈時代的議會改選

前述的狀況令元老極為不悅，卻還無法促成內閣改組。這是因為大家期望大隈重信內閣經由解散、議會改選後，能打破政友會的（壟斷）勢力，而大家也期待藉此將過去數年間政界之癌——增設二個陸軍師團，予以實現。在野黨政友會並不想解散議會，然而大正三年底，內閣解散議會，並將有長年選戰經驗的農商務大臣大浦兼武調任內務大臣（之前由首相大隈重信兼任），調整了選舉制度。

此次議會改選在日本歷來的選舉之中是令人印象非常深刻的一次，因為在野時間相當長的大隈重信，善用其高漲的人氣，整個政府也全面動員，進行這場轟轟烈烈的選戰，從而獲得了壓倒性的優勢。大隈重信在全國各地展開遊說，只要火車停下來便鼓動其如簧之舌暢言，並發電報給全國的支持者，還將演說「輿論對憲政的影響力」（可聽到有名的大隈重信特有的表達方式）的錄音灌製成唱片分送到全國。此外，早稻田大學相關人員組織了大隈伯後援會，擁立無派系的大學相關人員。從閣員積極地面對選戰這一點觀之，此次選舉也是空前的。據上述各個特點，此次選舉可說已具備現代選舉的雛型。

三月底舉行選舉的結果，執政黨大獲全勝，同志會從解散前的九十五席驟增至一百五十三席，中正會自三十六席減至三十三席，新成立的大隈後援會獲十二席，執政黨總計自一百三十一席激增至一百九十八席。相反地，在野的政友會卻從一百八十四席劇減至一百零八席，國民黨也從三十二席減至二十七席。政友會創黨以來從未淪為第二大黨，多數時候更是過半數的政黨。第一次世界大戰前日本的議會改選當中，通常由執政黨贏得大勝，不過這次選舉執政黨的勝利及在野黨的失敗更具歷史性的意義。在野的政友會必然批評政府干預選舉，這或許是事實，但恐怕前述新型選戰才是執政黨致勝的關鍵。

通過此次選舉，後藤新平變得更加地反政府，他與加藤高明及大浦兼武兩人個性本就不合。大戰方酣之際，不僅是日本舉國一致殷殷盼望平靜，而煽動政黨間發生對立的作法，更是後藤新平難以接受的事；而最令他不快的是，政府把對外的政策當作政爭的工具。

對二十一條要求的批判

惡名昭彰的對華二十一條要求，是在議會解散後不久向中國提出的。其內容包括一部分德國在山東半島的權利移交給日本（第一號）、延長關東州及滿鐵期限等有關滿鐵權益的強化（第二號）等為中心，共分為五號，全部二十一條要求。一月開始的交涉推延至五月仍未底定，日本發出最後通牒，中國遂屈服於此要求，此事眾所周知。

二十一條要求無疑是暗示行使武力以進行的侵略性外交，但是依照當時的國際常識來看，二十一條要求說不上是特別具有侵略性。前不久德國對山東半島的經營、俄國的中國政策，以及十九世紀英國、法國等的中國政策都非二十一條要求所能比擬。此外，日本的中國政策當中，已有過許多程度相當或更具侵略性的政策，因此，二十一條要求並不算特別具有侵略性。日本輿論界，除了《東洋經濟新報》等極少數的例外，均壓倒性地支持二十一條要求。不久，成為大正年代民主鬥士的吉野作造，其後也自我批判，他當時基本上是支持二十一條要求的。如果未瞭解上述事態，便無法充分理解圍繞在二十一條要求的政治狀況。

在這樣的狀況下，後藤新平與元老及寺內正毅等一同強烈地批判二十一條要求，頗值得注意。後藤新平的反應是從其中國政策的根本所產生的。如東洋銀行設立論所述般，後藤新平認為日本首先要在資金及其他方面，予中國充分的援助，以建立兩國間緊密的關係，如此一來就相當於解決了權益問題；而擔任中國特派大使一事，也基於此理由。二十一條要求當中，有關關東州及滿鐵延長租借期限的內容，後藤新平與政府意見相左，則令人不解。此外，依他所說的，從援助至合作，進而解決權益問題的方式，當時是否已順利推展則難以評斷。不過，後藤新平的方式與完全無交換條件向中國強索的二十一條要求比較起來，可說大有不同。

不論如何，後藤新平原本站在反政友會的立場，對大隈重信內閣其實曾存有善意。大隈重信及後藤新平都是近代日本屈指可數擅說大話的人，兩人之間這一點是相通的；不過從此次的議會改選及二十一條要求，後藤新平決絕地採取了反大隈重信內閣的立場。

對反袁世凱政策的批判

六月時，二十一條要求的問題已告一段落，元老曾經認真思考過加藤高明外相的更換問題。不過，他是執政黨同志會總裁，內閣職位相當於副總理的地位，要是把他拉下台，大隈重信內閣就形同倒閣了。擔心政友會復活的元老們，只好無奈地將不滿壓抑下來。

然而，癥結所在的加藤高明，在大正四年七月時，因大浦兼武內相瀆職事件而離開內閣。在先前被解散的議會，發覺農相（當時的職位）大浦兼武以實現增加師團為目的，和贈與及收受賄賂有關，結果大浦辭職，以謝絶一切榮位退出政界為交換條件予以緩訴。內閣一旦總辭之後，閣員當中有很多人內心還是希望續繼留任。所以敕令一下達，大隈重信以後繼者難覓為由，將負有連帶責任的加藤高明、若槻禮次郎（大藏大臣）予以去職，內閣改造後，其餘閣員留任。

山縣有朋派系官僚因大浦兼武之去職而感難堪，勉強與大隈內閣保持關係，但此已成為他們反政府的關鍵所在。日後，他們以貴族院為舞台，為積極倒閣而行動。大正四年十一月，在京都舉行大正天皇即位大典，然而他們卻利用這個機會，在群集的原官僚議員之間，開始推演倒閣的策略，其中心人物即是後藤新平。

然而，此刻內閣正開始走在更加危險的中國政策之路上。大正四（一九一五）年夏起，袁世凱計劃恢復帝制，打算自立為皇帝。對此，大隈重信內閣一開始以旁觀的態度靜觀其變，同時打算利用並擴大隨著帝政的施行而引起的混亂，將日本政府甚感棘手的袁世凱政府予以推翻。從大正四年末到五年初，內閣非常明顯地將政策做了轉換。

到了大正五年三月七日，大隈重信內閣決定以打倒袁世凱為目的，推行令人驚駭的內閣會議議決。其中一部份內容如次：

一、觀支那之現況，袁氏失勢、民心離反及其國內不安已漸顯著，以至該國之前途實難測知。值此之際，帝國應執之方針在於確立吾人在支那優越之勢力，使該國國民自覺帝國之勢力，以之為日中親善之基礎。

二、袁氏在支那之權位，不免為帝國為達上述目的之障礙，從而為遂行右列帝國之方針，使袁氏脫離支那權力圈，不論何人取代袁氏，與之相較，均應對帝國遠為有利，此乃無庸置疑之事。

（中略）

六、於帝國，使民間有志者對以排袁為目的之支那人活動寄與同情，貸與錢飾等貴重物品。政府不採公然獎勵之責任，同時默認適合上述政策之行為。

（後略）

滿洲事變以前，或甲午戰爭以前，閣員會議決定如此露骨的政策是相當罕見的。日本政府接著依據此政策，與在滿洲意圖復興清朝的宗社黨及要求自中國獨立的蒙古王族，甚至想要穩固滿洲地位的張作霖等勢力接觸，以推動滿、蒙從中國本土分離的活動。另一方面則在南方與革命派接觸，給予武器、財源及其他各個層面的援助。此外，在其他地區也援助革命黨，造成對政府的叛亂四起。總之，從意圖清帝復辟到倡議共和的所有團體，不論其立場是左或右，只要是反袁世凱的皆一視同仁。

對於這種作法，後藤新平必然極力反對。後藤新平的中心思想是與中國有影響力的政治人物合作，對他來說，內閣的這種政策絕對是非常拙劣的。然而，此時元老井上馨已過世，山縣有朋在大正四至五年的冬天也重疾在身。值此之際，他便向時任朝鮮總督，一般認為最具首相實力的寺內正毅靠攏，以逐步進行推翻大隈重信內閣的工作。

二　寺內正毅組閣

政權交接的交涉

後藤新平的倒閣運動在大正四年底開始的議會中，以貴族院為其運作的空間。貴族院的山縣有朋派系官僚與其有同志情誼，後藤新平本身也不能說不屬於山縣有朋派系，不過並不是直系的。經常與集團的力量關係疏離的後藤新平，卻始終需要借助某些力量以成事。

後藤新平與山縣有朋派系攻擊政府奏效，大隈重信內閣陷入了困境。因此，大隈重信為順利通過議會的質詢，二月初去拜訪山縣有朋，以年事已高（七十七歲）為由，暗示將於議會後辭職，藉此懇請其抑制反對派的行為。山縣有朋同意了他的要求，大隈重信及山縣有朋之間開始進行政權交接的交涉。

交涉雖因山縣有朋的疾患而延遲，然而到了五月會期結束後，大隈重信表明希望推舉前外相，現任同志會總裁的加藤高明為繼任人選。然而不僅山縣有朋對加藤高明的外交工作極不滿，大隈重信也曾在無意間洩露對他的不滿，這個唐突的提案自然遭到否決。結果，大隈重信暫時放棄將政權轉移給加藤高明的企圖，而決定順著山縣有朋的想法推舉寺內正毅為閣揆。不過大隈重信要求寺內正毅要承繼其內閣的政策，還要他與同志會合作產生寺內、加藤的聯合內閣。寺內正毅應大隈重信之邀抵達東京，從七月開始二人展開交涉。

寺內正毅周邊有不少人對他勸說，聯合內閣姑且不論，可藉此先和同志會有合作關係，特別是山縣有朋本人，以及其心腹平田東助等亦均如此主張。山縣有朋認為寺內正毅若要圓滿地組閣，就不能與擁有絕對多數的大隈重信派系勢力敵對；他還認為，尚不能允許政友會復活，而去年的選舉結果也顯示大隈重信在議會的勢力不容小覷。

相對地，後藤新平不斷地要求與同志會派系勢力對決。對他而言，政權交替的意義就代表對中國政策之轉換，若非如此，政變是毫無意義的。後藤新平為了與大隈重信及同志會徹底劃清界線，他製作了秘密小冊子，其中列舉了大隈重信內閣中國政策失敗的實情，其中更特別暴露了與反袁政策有關的鄭家屯事件，以及中國革命黨在山東的行動與日本人有關等事。這些內容幾乎都屬事實，而採取如此激烈的手段加以公開，果然很有後藤新平的風格。大隈重信與寺內正毅在七至八月的交涉未能達成協議，有許多因素是由於後藤新平的反對。

寺內正毅內閣的成立

大正五年十月四日，首相大隈重信以年事已高為由遞出職呈，並推薦加藤高明為其繼任人選，在辭呈中提及繼任人選的情況是相當特殊的例子。這與九月中旬以來大隈內閣所屬的執政黨——同志會、中正會、公友俱樂部等三個黨派所推動的聯合計畫有關，這三個黨派若聯合起來就成為議院過半數的大政黨，此情勢如未予重視，政治的推動將滯礙難行。因此，即以此勢力為背景，將三個黨派未來的聯合總裁加藤高明推為首相，而事實上是想要延續大隈重信內閣的生命。

山縣有朋、大山岩、松方正義、西園寺公望等四位元老接受了大隈重信提出的辭呈後便進宮，在元老會議中推薦寺內正毅為首相。不過，寺內正毅內閣會是一個什麼樣的內閣仍完全是未知數，寺內正毅以目前是世界大戰時期為由，標榜舉國應有一致的行動，因此請各政黨加入內閣。此時，最大的政黨前內閣所屬的執政黨同志會就成了交涉的第一順位。不過山縣有朋及平田東助構思，同志會要是成為內閣內部合作伙伴，會使其他政黨不悅，而不願入閣，以致結果演變成以同志會為基礎的內閣。

然而，後藤新平對此種內閣想與同志會合作的作法，卻千方百計欲予破壞。他反覆向寺內正毅勸說，內閣交替最大的意義在於對中國政策的變更，前內閣當中，與中國政策相關的人都要予以剔除。而另一方面，以同志會的立場來看，後藤新平在三年前脫黨離開陷入困境的同志會，又在一、二個月前散佈荒誕的手冊批判大隈重信內閣的中國政策，要是他成為新內閣的核心人物，同志會絕不可能會同意，如此一來，寺內正毅內閣便無法與同志會合作。因此，該內閣並非依山縣有朋及平田東助的構想所組成，而是依後藤新平的構想成立的。

不過，寺內正毅內閣的組成要素並不單只有前述事項。寺內正毅內閣是一個超然的內閣，也是一個軍閥的內閣，因此無法獲得輿論的支持。當時，一般人認為超然內閣早已跟不上時代了。因為前內閣弊政之故，所以輿論對寺內內閣的批判才不致於太壞。此刻若不謹記這種實際的情勢，趕緊解散議會打擊憲政會（同志會等聯合於十月十日通過此案）的話，寺內正毅內閣自無法避免成為短命的內閣。

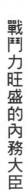

戰鬥力旺盛的內務大臣

大正五年十月寺內內閣成立
(右起首相寺內正毅、外相本野一郎、農相仲小路、內相後藤新平、海相加藤高明)

後藤新平從上述觀點出發，向憲政會挑釁的作為漸次施展出來。例如他於十二月時任水野鍊太郎為內務次官，水野鍊太郎原來就已在前內務大臣之下擔任次官，加入政友會後，就傳說他在繼任的政友會內閣當中是大臣的人選。後藤新平在這個與選舉關係重大的職位上，任用政友會的有力人物，另有其他理由，將於其後述明，而這個作法表明的就是要和政友會聯合起來，與憲政會對決，露骨地向憲政會擺出挑戰的態勢。

大正五年底議會開議，到了翌年一月，犬養毅所領導的國民黨向憲政會建議，提出對超然內閣的聯合不信任案，憲政會對此予以回應，而犬養毅在其演說當中卻突然開始批評憲政會，憤怒的憲政會想要予以反駁之際，政府卻將議會解散了。接著國民黨宣佈和憲政會斷絕關係，而事實上卻轉向執政黨。總之，這是利用國民黨對憲政會的敵意（憲政會的中堅幹部係於大正二年脱離國民黨，加入桂太郎新黨的議員），把憲政會揪出議會解散後的改選所用的謀略，而在這背後運作的正是後藤新平。

進而，後藤新平任內務大臣，擔負選舉的所有責任，其目標在於積極地擊潰憲政會。二月時，後藤新平在地方官員會議中演説，表示將「不自然的多數黨」予以擊潰，一定有助於贏得輿論的支持，在此他暗示要將憲政會予以打倒。內務大臣的演説，本應以中立為原則，他的講演是為特例。接著，後藤新平和政友會結合成為密切的合作關係。不過他並未將命運完全寄望於政友會，國民黨的執政黨化，以及許多中立議員的産生等等，他都打算在背後操縱，就是為了這個目標。

而政友會必然會抗議對中立議員的運作，不過後藤新平對原敬表示：「您是日本選舉的第一高手，以圍棋言之即為本因坊，對一些不過是鄉下棋藝不精的棋手，不管把棋子放在哪裏，本因坊卻發牢騷不是很不恰當？」他就以打諢支吾過去了。

四月舉行的選舉結果，政友會一百六十五席、憲政會一百二十一席、國民黨三十五席、無黨無派的六十席，憲政會慘敗。這個結果有相當的部分可説是因後藤新平之力而促成，他確實是一個精明強幹的人。不過，他不管是對憲政會的挑釁，或是利用犬養毅的反憲政會情感所做的議會解散工作，抑或選舉中不留情的言行舉止，都稍嫌激進，至少被以這種手段痛擊的對象，心中的怨恨長久都不會消失。因此，這些作為在後藤新平的政治生涯中，經常造成極大的負面因素。

後藤新平在政黨方面工作的完成，是他在外交調查會之時。選舉後，內閣以戰時外交舉國應一致為名義，在宮中設置臨時外交調查委員會，任命在政界各方面有影響力的人為委員，以國務大臣的待遇禮遇之，結果未加入此委員會的只有憲政會總裁加藤高明。一般人預料，外交調查委員會必然會採取批判前內閣的立場；而憲政會在選戰中又對內閣激烈地評擊，現在更不可能參加此委員會。不過，由於未參加此委員會，憲政會就長期將自己定位在半反體制的政黨。此外交調查委員會是伊東巳代治的提案，而後藤新平也是積極倡議者之一。

內務行政及鐵道行政

相對於前述，後藤新平就任行政首長內務大臣時，所留下的政績並沒有那麼多。原來內務省本身僅負責監督，而非現場作業的機關，並不需要親自經營各種事業。再加上，內務大臣最大的工作，如前所述，是以首相政治幕僚的身分，樹立內閣的政治戰略，並實際運作。第一次世界大戰前的日本，常將內務大臣視為副總理，有許多要在現場指揮實務進行的工作只得放棄。後藤新平任用具有實務經驗、有能力的閣員級官員水野鍊太郎為次官的理由之一也在此。

在有限的政績中，後藤新平仍在內務省留有一些獨具他個人風格的行跡。例如他在任內進行大幅地增員、擴編、調薪及海外派遣等制度。綜觀這些作為，其目的就是要確保、培養人材，進而提供舞台讓他們發揮。這些對新人材關心的作為，在後藤新平的生涯中是一以貫之的。

在這些作為當中最重要的是海外派遣。當時在前所未有的世界大戰中出戰的各國，為了遂行戰爭同時又安定社會，正實施何種政策，是內務省持續關心的重點。在後藤新平的考量之下，於歸國的留學生中，拔擢了後藤文夫、丸山鶴吉、田子一民、堀切善次郎、大塚惟精、次田大三郎等人，使得一九三〇年代的日本，擔任內務行政工作者中出現了許多人材。

這些人物主要的活動領域是社會政策。此外，後藤新平任內還在內務省中設立救護科，這是日後的內務省社會局的前身，更進而發展成今日的厚生省。他在明治時期擔任衛生局局長任內，是日本最早對社會政策感興趣的人；至其擔任內務大臣時，孕育出日後擔任社會政策的人材及組織，亦決非偶然。

後藤新平留下的政績之一是，他開拓了邁向都市計畫法的大道。他在台灣及滿洲曾從事都市建設的工作，他希望無論如何，東京及大阪都要改造成文明的都市，因此，他設置了都市計畫委員會，為都市計畫法的立法做準備，這項工作便成為他日後擔任東京市市長的伏筆。

然而，除了內務大臣之外，後藤新平在內閣中三度兼任鐵道院總裁之職，他任用的副總裁是他的心腹中村是公。後藤新平此時致力於鐵路寬軌化；一方面，由於技術進步，另一方面為免蹈桂太郎內閣時超過二億日圓計畫失敗的覆轍，此次他提出六千萬日圓計畫，不過這一次仍然未能成功，最大的原因是與政黨之間的互動關係。與桂太郎內閣時代相較，藩閥和政黨之間力量的關係已改變，寺內正毅內閣基本上處於必須與政友會合作的狀態，然而政友會採行的是傳統的鐵路窄軌政策，憲政會則對寬軌案表示贊同。而對寺內正毅及後藤新平來說，寬軌化案會使政友會轉為敵人，才是他們必須面對的另一個更重要的課題。

三 中國與俄國

中國政策的轉換

從組閣前後的活動可知，對後藤新平來說，寺內正毅內閣最大的課題在於對外政策的轉換。後藤新平任用水野錬太郎為內務次官，其中的一個目的就是要將內務行政完全交付給他，因為他自己希望負責中國政策的部分。外務大臣一職由本野一郎擔任，他是親俄派，甚或親俄、法派，雖然是老練的外交官，但是有關中國問題的經驗卻不多，因此後藤新平這部分的權責就相對地擴大。

首先，後藤新平在組閣之際，為了向日本國內外表示中國政策的轉換，他主張要將大限重信內閣時期，與中國政策相關的人物都予以剔除，外務大臣、外務次官、外務省政務局長、參謀次長、關東都督等人都上了他欲剔除的名單，其中外務次官幣原喜重郎及參謀次長田中義一後來被保留下來，其他人則實際上都被撤換了。

大正六年一月九日，寺內正毅內閣新的中國政策於內閣會議中決議，其要點計五項，分述如下：一、尊重並擁護中國的獨立及領土之完整；二、從而，應圖指導啟發有關庶政之改善，及增進兩國親密之交往；三、不干涉中國內政；四、增進日本在滿蒙、山東之特殊權益；五、在其他地域盡量與列強協調。這些內容明顯地直接否定了大限重信內閣的政策，特別是後期的反袁運動。

不過，在中國政策的轉換當中，基本上有兩個方向：一是與各國協調的方向，另一是日中合作（當時的口號為「日支親善」）的方向。此二者嚴格說起來是相互矛盾的，何以如此？因為日、中如有力地結合在一起，列強就會壓制對中國的發言權。不過，由前述內閣會議決定的內容看來，這也正是第二點的積極日中合作論被提出來的原因。

不過，在內閣會議議決的理由書當中，亦有針對日中合作論執行過度時的抑止辦法。亦即理由書中論說，日本及中國在世上，於人種及地理上背負著共同的命運，不過事實上，中國的盛衰尚不及影響日本的國勢；由於此議論會成為干涉中國內政的原因，且恐招致歐美各國的黃禍論，務須謹慎行事。對此，後藤新平有所不滿，結果這部分最後即被刪除了。

後藤新平是新中國政策的決議及公布最有力的論述者，不僅如此，他的日中合作論壓抑了外務省想加強與各國協調的意圖；其實這個決議也可視為與後藤新平一貫的思想有關。

日中合作及與各國協調

內閣會議決議政策之後，寺內正毅內閣在日中合作及與各國協調兩方面都必須加緊地趕上目標。

與各國協調雖與中國政策沒有直接關係，不過內閣卻積極地進行對世界大戰的協助，其預想可獲的報償，就是大戰後列強同意日本的要求。

例如：日本應英、法二國的要求派驅逐艦到地中海，又承受了英、法、俄三國的外債等，以推動對戰爭的協助，而其報償即是獲得承諾在戰後談和會議中，日本提出有關德國在山東的權益以及赤道以北德國所領有諸島嶼的要求時，能給予支持（大正六年三月），這個政策是後藤新平自大正三年以來，所提倡的日英法俄同盟論所延續而來。

有關中國政策方面，內閣亦積極地促進英、法、俄各國要求中國加入世界大戰。前大限重信內閣認為，中國若參戰將成為同盟國的一員，與日本在某種意義上來說獲得對等資格，因而對此種情況甚感排斥，予以拒絕。然而寺內正毅內閣卻從協調各國的立場來看此問題，將政策予以轉換。

而在日中合作方面，大正六年七月時，親日派的段祺瑞內閣成立，寺內正毅內閣會議議決不干涉中國內政的方針放寬一個月，轉趨積極日中合作論。寺內內閣認為段祺瑞內閣的基礎未必穩固，反對派亦多，然而援助正統政府獲得各國的承認，既非干涉內政，也不違反與各國的協調。

此時，最大的問題是提供中國資金的方法。因為日本參加了英、法、俄、日四國借款團，對中國的借款，也被限制必須依據此借款團規約的義務。

四國借款團是為了防止對中國借款過當的競爭，於一九一〇年，由英、法、美、德四國所結合成的組織，其後日、俄加入成為六國借款團，後來美、德退出，又成為四國借款團。參加借款團的會員都是各國有實力的銀行，乃至銀行團（日本係橫檳正金銀行），而其規約含有準條約的意涵。規約曾數度變更，當時對中國的政治借款（administrative loan）則規定由全體會員共同承受。日本由於世界大戰而成為債權國，雖然達到首次具有對中國提供豐沛資金的能力，不過，依借款團規約的制約，不得將資金的供給直接與獲得利權或其他政治效果相結合。

有關這一點，後藤新平早於大正五年十二月，在其所著〈對支政策原案〉意見書中述及：「為救濟支那於經濟、財政上之困難，須立於四國借款約束之外，以開國民經濟同盟之基。勿顧念利權擔保等目前之小利害，應展示帝國之胸襟大度，貸予巨資，以之為改變支那人心理狀態之手段，使彼等於不知不覺間，自然令彼等遺忘從來之疑惑及嫌惡感。」總之，他主張，從中國獲得利權並非主要的目的，應以豐富的資金援助中國，由之可使中國親日化，為此須開發不受四國借款團拘束的貸款方法。

眾所周知，寺內正毅內閣時期進行的所謂「西原借款」，就是被視為借款團規約的例外，該借款係以實業借款（industrial loan）的名義而實施的政治借貸。這種「應立於四國借款團約束之外」以供給資金給中國的議論，就是後藤新平倡議設立東洋銀行以來的主張；西原借款至少在起步階段，確實受到後藤新平的影響。

對美關係

與各國協調及日中合作這兩個政策要同時實現，最大的阻礙即是美國的存在。美國在傳統上是中國獨立及統一的最大同情者，隨著在美國受教育的中國年輕世代展露頭角，其影響力更加地強化。

而美國不但具有對中國供給豐富資金的能力，並且不受借款團規約的拘束。一九一三年借款團想和中國締結二千五百萬英磅的改革借款條約，美國認條件過於嚴苛，將傷害中國的統一及獨立，便從借款團退出，以自由行動的身分，發揮其立場所具備的條件，在一九一六年間貸給中國許多借款。

日本與美國之間有關中國權益的對抗和合作，是後藤新平自滿鐵總裁時代，甚至台灣民政長官時期以來就極為重視的焦點。大隈重信內閣末期，他在所撰寫的某些意見書當中，提到內閣最大的缺失是外交失敗，特別是對中及對美關係的惡化。前面提到的大正五年十二月的〈對支政策原案〉中，提到「須立於四國借款約束之外」等字裏行間，可窺見美國的作法。

總之，日本如處在英、法、俄三國間，即能同時實現日中合作及與各國協調這兩個政策，因此後藤新平認為要如何設法把美國拉入此國際關係中才是重大的課題。他打算利用美國參加世界大戰（一九一七年四月）的機會實現此目的，即雙方簽訂蘭辛石井協定（大正六年十一月二日）。

如眾所周知，此協定前段述及：「美國及日本國政府雙方認可領土鄰近之國家間會產生特殊關係，從而美國政府認可日本國於支那擁有之特殊利益，與日本占領地之接壤之地尤然。」在後段中則是有關尊重中國獨立及領土、門户開放機會均等等，而前段的內容感覺較之後段為低調。其後美國聲明，此不過是表明普遍性的適切原則，並否定上述引用的部分具有特殊的意義。不過，毫無疑問地，引用的部分不但表示美國認可日中之間存有特殊的密切關係，也認可日本在滿中的特殊權益；因此美國日後才迅即取消此協定。

總之，寺內正毅內閣成立一年多的時間內所致力的中國政策，確實獲得了相當的成果，其中許多都是後藤新平一向秉持的主張。以推動外交工作的角色所設立的臨時外交調查委員會亦是，後藤新平至少是主要倡議者之一，首相、外相、陸海相及後藤新平都是委員。寺內正毅內閣在主政前半期的一年內，中國政策得以成功，大多歸功於後藤新平的努力。

十月革命的衝擊

然而，這一連串對外政策因蘭辛石井協定而使成果到達頂點之後，俄國卻隨即在一九一七年十一月暴發了十月革命。與俄國間的合作是日俄戰爭以來，與日英同盟並列為日本外交的重要方向，至此卻遭到破壞。其中尤以特別重視與俄國合作的寺內正毅及後藤新平所受衝擊最為強烈，他們迫於無奈大幅度地轉換政策。

對於俄國的革命毋需重述，這是對既有的政經體制根本的挑戰。不過在當時，這個事件造成對德共同戰線的瓦解，進而在國際軍事上帶來相當大的衝擊。俄國革命政府在一九一七年十二月五日與德國簽訂休戰條約，翌年三月三日復締結布列斯特—立陶夫斯克合約，此條約違反了倫敦宣言中，不單獨與德國講和的約定，其內容很明顯地對德國有利，再加上同盟國間許多成員認為俄國親德派的手已經伸出去了，也就是俄國不僅已從同盟國脱離，很可能有馬上加入德國陣營的危險。

因之，同盟國內部主張派遣日軍或再加上美軍，以兩國軍隊到西伯利亞，阻止俄國的親德化，希望對其國內穩健派的復興伸出援手，從而得以重建德國東部的戰線。一九一七年十二月，以日、美兩軍的西伯利亞鐵路管理的提案為肇端，到翌年三月締結布列斯特—立陶夫斯克合約的前後開始，出兵西伯利亞的說法就甚囂塵上。不過，美國打從內心便對日本的野心時時提高警覺，反對日本出兵。

日本國內也同樣存有意見分歧的狀況。首先在軍部以參謀本部為中心，對西伯利亞權力的真空非常關心，許多人以更積極、野心勃勃的觀點主張日本獨自出兵論。與此相對，原敬和牧野伸顯（二人同在外交調查委員會）則以重視與美國協調的觀點出發，反對出兵。然而，以內閣的立場，認為在有自衛之必要或盟國一致要求時，始考慮出兵。不過，在內閣當中，也有如首相寺內正毅的慎重派，和如外相本野一郎的積極派的對立情形。其中，本野一郎曾欲將內閣會議強力導向出兵論的方向，失敗後以調養病體為由，於四月二十三日辭職。

在背後攻擊本野一郎的人就是後藤新平。後藤新平在一至二月就已經代患病的寺內正毅指揮議會的工作而四處活動，報紙就曾預測他會代理臨時首相。後藤新平的夫人和子於四月初過世，然而他幾乎沒有停歇即就任外相，處理繁重的業務。而且寺內正毅其後病情不穩定，經常連重要的內閣會議都無法出席。當時山縣有朋派系有影響力的閣員遞信大臣田健治郎，於四月二十九日與閣外有力的合作對象伊東巳代治（樞密顧問官、外交調查會委員）會談，對寺內正毅健康若無法恢復，將以後藤新平或某位閣外人士（指伊東巳代治）為後繼人選一事達成協議，因之後藤新平外相一職帶有相當重要的色彩。

出兵西伯利亞

後藤新平是西伯利亞出兵論者，他曾是眾所周知的親俄派，何以會成為出兵論的擁護者？

首先需注意的是，當時的政治家當中，對革命的特性及革命政權的勢力有正確眼光的屬鳳毛麟角，特別是對像本野一郎及後藤新平等這類親俄派而言，對於以往過從甚密的俄國舊勢力被徹底剷除一事是很難以想像的。事實上，積極於出兵西伯利的是後藤新平等親俄派；而消極出兵的原敬及牧野伸顯等，重視與英、美間的協調，並未將重心置於與俄國的關係上。特別是對立足於「生物學」的人類觀、國家觀的後藤新平而言，新政權否定私有財產的革命諸原則之主張，即違反人類的「本性」，他不認為這種政權能永續地存在。後藤新平在五月時所寫的意見書中述及：「不惟多數人竊自引領企盼同盟國向俄出兵，緣其背信暴戾民心日離之故，猶如過激派之向背，故值此議定帝國出兵大計之際，實毋需勞神於過多考量。」他認為俄國革命政權如前述般基礎甚為薄弱，他判斷批判新政權並與帝俄相關聯的勢力仍廣範地存在，後藤新平這種援助「穩健派」的作法，對他來説是從日俄合作的思惟延伸而來的。

另一個必須注意的是，後藤新平對有關布爾什維克政權的反帝國主義外交的憂慮。他在大正十三年間的一份意見書中述及，革命政權對於中國，「應將帝俄以不當壓迫手段所得之利權」歸還中國，並針對暗示東清鐵道歸還一事，表示「不禁為之顫慄」，且提及「獨自憂煩沉吟亙數晝夜」。

後藤新平究竟對何事如此驚怖憂心呢？意見書接著敘述道：「何以然故？率直言之，擔負我東西文明融合大使命，大陸發展大動脈之南滿鐵道，本係東清鐵道之一支線，從而若東清鐵道無條件為支那所掌握，滿鐵之機能必顯著受影響，擴之則有影響帝國基礎之虞。蓋勢之所至，絶非所謂二十一條問題可比擬，我二大戰役之成果或竟成空，吾國正遭逢此如同埋沒明治大帝偉業之大事變，此乃吾人懸念之所在。」總之，後藤新平在布爾什維克的對外政策當中，發現將其成果全盤推翻的理論；此外，他更察覺到，俄國及中國若在反帝國主義的共識下結合起來反日，以滿鐵為中心的日本在南滿的權益極可能會根本地受到威脅，這些是他戰慄的原因。俄國革命政權的外交作為的確如此，且依據後藤新平的看法，新政權若確實既積弱不振又係地方性政權的話，則積極打倒革命政權，乃至使之與遠東地區隔離，亦即建立干涉地區，是他必然會採行的作法。

並且，實際上所產生的西伯利亞權力真空當中，積極於西伯利亞鐵路管理的是在克倫斯基時代接受委託的美國史帝文生使節團。後藤新平向來就堅信鐵道具有文明化的功能，他自詡滿鐵為世界交通之公路；從這個認知的角度來看，美國自哈里曼以來在滿洲的鐵路獲得計畫，皆以形成世界交通網的計畫來處置而與滿鐵相抗。因此，他當時實在無法對西伯利亞的現況坐視不顧。

從而後藤新平自俄國的革命，發現在對俄、中、美三國關係中與新舊大陸對峙論相反的情勢。於此，他原本主張以經濟關係為中心，形成與周邊各國的合作關係之展望頓失，為了打開新的局勢，他才提倡出兵西伯利亞。

不過，後藤新平並非主張立即出兵。有鑑於本野一郎失敗的前例，後藤一面努力獲取同盟國及國內有力者的支持，一面等待適當的時機。

然而，到了五月中旬，發生了捷克軍團事件，使得國際輿論大轉向。亦即在此之前想從奧匈帝國獨立出來加入俄國參加大戰的捷克軍團，因不滿布爾什維克政權對德講和，想要向東行進，經由海參崴返回歐洲，以參加對德國的戰爭。不過這條道路迢迢難行，且經常會在各地與布爾什維克政權發生衝突，此狀況為國際知悉後，在同盟國間，協助救出捷克軍團的輿論高漲，英、法、義三國再度要求日本出兵，連之前不斷反對日本出兵的美國，到了七月也提出美、日共同出兵的主張。

英、法二國以捷克軍團事件為契機，探詢派兵的情勢以來，後藤新平突然轉而主張斷然出兵論，他與伊東巳代治二人一起強勢地左右外交調查委員會。在美國的提案中，出兵的目的限定在救出捷克軍隊，兵力定為七千名，美、日同數，此外，還加上出兵地域的限制。內閣表面上裝作贊成美國的提議，事實上卻同時準備以自主出兵為內容的回覆，並說服關切對美關係的原敬及牧野伸顯，最後於八月決定出兵。

從後藤新平的立場視之，這是千載難逢的機會，他長久以來的宿願就要實現了。在包含美國的列強同意之下，援助俄國的健全份子（他個人以為），依此，日本與俄國的關係即能進一步強化，同時日本的勢力範圍可擴展至北滿洲；這即是後藤新平認定的出兵西伯利亞之意義所在。

然而，以今日的觀點視之，出兵西伯利亞是日本近代外交史上，屈指可數的愚行。看起來是穩健派的作法，實際上卻缺乏實質上的意義。結果，日本與整個俄國形成對立的情勢，兵力派遣不斷增加，且花費了鉅額的經費及犧牲了許多兵士，卻沒有任何收穫，換來的只是全世界對日本的不信任，特別是俄國及美國。人們通常在自己最自豪的領域中失足，後藤新平的出兵西伯利亞就是如此。後藤新平身為外相，是內閣的中心人物，掌握對外政策的最高指導權，卻在他最熟悉的俄國問題上，犯下了嚴重的過錯。

西原借款

俄國革命不僅使寺內正毅內閣的對俄政策轉變，其對中國的政策亦做了大幅調整。如前所述，俄國在革命之初，親德派獲勝，因此德國勢力東進，許多人擔心未來是否將更進一步波及亞洲，甚至美國總統威爾遜在一九一七年底，向日本大使佐藤愛麿表示，針對德意志帝國主義東進一事，美、日兩國有合作處理之必要。

此外，寺內正毅內閣在日本國內倡議中國政策的轉變並非毫無道理。當時，就連在政治圈以採取冷靜且務實觀點的原敬，也將俄國革命及布列斯特—立陶夫斯克合約，視為德國勢力的東漸；他主張：「俄國有漸次居於德意志勢力下之虞，和平解決後，德意志之手亦有伸向支那之虞，故今日須決定對支那之方針。」他認為調整中國政策是有必要的（大正七年二月二十二日）。

寺內正毅內閣基於前述的認知，強勢地把政策積極導向日中合作。日、中訂定日華軍事協定（一九一八年五月）即是其中一項具體政策，兩國藉此共同防禦布爾什維克勢力的擴張，此外，則是積極促進西原借款。因此，內閣在三月時成立法案，其內容為日本政府對興業銀行給予債權保證，以一億日圓之為上限，大膽實施對中國的借款政策。

在此重新積極實施的西原借款，是以強化親日的段祺瑞政權，及其後中國統一為目的。此外，另一個目標為實現日中經濟同盟關係，藉以超越單純的權益擴大或強化。五月二十二日，首相寺內正毅、外相後藤新平、藏相勝田主計等人與西原龜三會談，指示借款具體化的相關事宜。如前所述，後藤新平很早就主張日本應單獨借款給中國，他又是五月二十二日那天下達指示的人，不過，日後後藤新平的態度卻有所改變。

其實，西原借款是風險性最高的政策。段祺瑞所採取的武力統一中國，或日中經濟同盟的目的，是否可能實現均大有疑問。而且，此融資方法違反國際借款團的規約，又將外務省旁置，以西原龜三及藏相勝田主計為交涉管道，再加上把以往的借款相關者橫濱正金銀行等冷落一旁，而以興業銀行、台灣銀行及朝鮮銀行為主體；單就上述列舉的狀況而言，西原借款的方法隱含了許多不易解決的難題。

對此特例的方法，特別是外務省，首次將駐華公使林權助聯合起來，表達強硬的反對立場。由於後藤新平是外相，反而無法從下抑制反對的言論。此外，後藤當時傾注全力於出兵西伯利亞的問題上，無法將西原借款強勢地操控在手。並且，從七月開始，以美國為首的列強，再度對中國借款問題表示興趣，日本遂無法繼續太肆無忌憚地忽視國際借款團規約的限制。

此外，後藤新平的作為與其外交思想並不調和；大正六年即開始的西原借款自不待言，大正七年積極進行的西原借款也所在多有。他原本對介入中國內政沒有什麼興趣，他雖然熱衷與袁世凱合作，但是當十分強而有力的合作對象並不存在時，他也不主張刻意營造。同時，西原龜三所主張的日中經濟同盟的構想，本質上也和後藤完全不同。後藤即使有時會使用類似的語彙；然而，在日本的支配下，開發中國的資源，讓中國成為對日的原料供給基地，亦即建設一個自給自足的經濟圈，這是不為後藤所認同的想法。和強調以交通網與世界結合一樣，後藤重視的是日本以貿易和全世界結合在一起。以他的眼光來看，自給自足不過只是格局、氣量狹小的思想罷了。

由於後藤新平的反對，西原借款便深陷暗礁之中。接著在大正七年九月，亦即寺內正毅內閣的最後階段，預備做為借款的原始資金，以滿洲及山東的鐵路建設預付款的名義交付給中國。這項作法係預於世界大戰終了後，以確保既得的鐵路權益為目的。這雖是西原借款推進派和反對派妥協之後的結果，不過，這樣的作法很有後藤新平獨特的行事風格。以鐵路這類具體的事業，為雙方帶來利益，也讓國際關係保持安定，這套思想曾經出現在新舊大陸對峙論及文飾的武備論當中。

整體而言，六月以來，西原借款由於後藤新平的反對，在某種程度上可說已經以失敗告終。然而他在五月時曾率爾承諾將積極促進西原借款，又很快地改變態度，使得對華的政策更加混亂，這是不容否認的事實。

如前所述，後藤新平的外相時期是全盤失敗的。不論是強行出兵西伯利亞，或是一度同意積極促進西原借款等作為，都大大地出乎他個人的預料。

後藤新平失敗的根本原因何在？可以說是以他個人的思考框架無法完全掌握當時的國際政治有以致之。他的對外政策的前提是以國家為全體保持統一的立場，以及國家是依「生理的動機」而活動的有機體。但當國家因意識型態而動，內部陷入對立的狀態時，後藤新平就不知道要如何對治了。

在這一點上與之對照的是原敬。原敬在介入中國南北對立時，因顧慮與美國之間的關係，原則上持反對的立場；在出兵西伯利亞一事上，亦極重視與美國之間的協調，甚至較世界大戰前更傾向於此。從美國的參戰和俄國政權的瓦解看來，世界大戰演變成軍國主義對民主主義的戰爭，亦即意識型態的徵兆出現在國際政治的表層時，原敬很清楚地看穿了這一點，這是他願意對美國協調的理由，也是和後藤新平大異其趣的地方。因此，在世界大戰後繼續指導日本外交的不是主張與美國對抗的後藤新平，而是主張與之協調的原敬。至此，後藤新平以外交指導者之姿活躍於政界的角色似已告終。

第五章

1919
|
1929

喪失的可能性

一　世界大戰後的世界與日本

歐美旅行

第一次世界大戰的結束，為國際關係帶來了巨大的變化。大家相信軍國主義敗北，民主主義獲勝，和平主義、國際協調主義、民族自決主義等，各種新的主義都成為備受尊重的準則躍上國際。日本的外交因應此事態的發展，必須將政策作大幅度的調整。

後藤新平在大正五年世界大戰仍在進行時，著有《日本膨脹論》一書，內容敘述世界各民族對立抗爭的趨勢，及日本對外膨脹的必要性。此書於大正十三年再版，他在再版的序文中斷然表示，書中沒有任何論點需予變更。這段時間內發生了俄國革命，更經歷世界大戰的結束、凡爾塞及華盛頓體制的成立，而他竟不認為其世界觀及對外政策有更改的必要，實在令人訝異。後藤新平所言是否屬實？如果屬實，其中的原因為何？

大正八年三月，後藤新平從日本出發到歐美旅行。距寺內正毅內閣總辭以來五個多月，距第一次世界大戰結束還不到四個月。

除了留學及兩次訪問俄國，後藤新平應是第二次到歐美旅行，他三至六月時在美國，六至九月時在歐洲，九至十月時再滯留美國，十一月回日本。

後藤新平旅行的心得如次：第一、他發覺美國的繁榮及歐洲的沒落。這是他在新舊大陸對峙論當中就已經預言的觀點。第二、威爾遜的道義外交失敗。後藤新平曾經對以美國實力為背景而大膽提出的威爾遜十四點和平原則，給予非常高的評價：「威氏懷抱不世出之才，必執旗而起，旗載十四點和平原則，天下仰之。此固非威氏所發明，其欲著手實行，至少全美依從，次及歐亞，陶然醉之，可謂偉哉！」後來後藤新平目擊了尚未盤算現實的利害得失之前，道義外交即已敗北的狀況，使他從國際政治的道義及意識型態的無能為力，更加確信自己原有的主張無誤。第三、後藤新平得到強者橫暴，弱者悲慘的強烈印象。對德講和條件嚴苛的程度國際間依舊如此，甚至較往昔尤烈，因而使後藤新平確信，全世界已成為諸民族激烈生存競爭的場域。第四、後藤新平批評凡爾塞體制的不自然及脆弱性。因為他認為該體制並未正當地對待德意志民族，是反歐洲「歷史」的作法。

以上各點都是後藤新平向來即存有的國際政治觀。後藤新平觀察了世界大戰後的歐美，他認為這個世界依然是各民族為了生存的競爭場域，只是競爭的方法較非軍事性，卻變得更趨於總體戰。該如何因應這樣的國際情勢，是後藤新平自歐美旅行後，所帶回來的作業。

大型調查機關

後藤新平返抵日本後未幾，即開始倡議設立大型調查機關。大正九年初，在被認為是他寫的〈設立大調查機關之研議〉一文的起首處敘述：「值此經濟、社會、政治上大變動之機運，世界各國之有識者，外求國家經濟之發展，內求產業之進步、統籌管理與階級間之調和、互助等以立策謀，為圖『於新型國際大戰中贏得勝利之榮冠』。」他設立大型調查機關的目的，就在於研究前述的世界情勢，迅速地擬定與之應對的基本策略，亦即此調查機關是大戰後在世界性的大變革中，為了使日本成為少數的勝利者所設的「經濟參謀本部」。每當後藤新平埋首於事業之際，經常會進行大規模的調查，因之有時候就以前述「文飾的武備」之名來稱呼。此次大型調查機關的設立，是他一連串大型調查計畫中的一項；以國家經濟的根本為調查對象這一點看來，可說這是最大型的一次調查計畫。

後藤新平將此一構想持送給時任首相的原敬，原敬傾聽之後表示，待大正九年之議會改選告一段落，到是年六月時再以一千萬日圓設立臨時產業國策調查會作為提案。原敬的應對是想以不與之樹敵的方式，將後藤新平這個政界有影響力的不定時炸彈封鎖起來。原敬的想法有上述的意圖，然而他對後藤新平提案的旨趣，有相當程度的認同，亦為事實。不過後藤新平拒絕了原敬的提案。後藤的提案原是連續五年合計三千萬日圓，其後又讓步改為二千萬日圓，所以他懷疑原敬其實是不想推展這個計畫。而在後藤新平回信給原敬（六月二十八日）的內容中，已自然顯露出兩人構想的差異，以及他個人提案的本質之所在。

後藤新平在回信中首先指出預算不是維持費，他說明不這樣做的話，要維持長期安定的調查是相當困難的，特別是還要聘請外國人，不便之處甚多。他更表示必須向外國學習，這是他在所有的言論中都會強調的觀念，他對這個作法仍然興致高昂。其次，後藤新平批評調查會的組成架構是官僚型態。他主張唯獨事務局不得不如此之外，其他的部門應極力排除官僚式的組織架構。當時在各個領域制定新的政策被認為是有必要的，調查研究也在推動進行，不過後藤新平確信，只要是官僚式主導的型態，根本的調查及綜合性的政策建言就不可能落實。接著，後藤新平強烈批評原敬在他的提案中把印刷部門予以刪除。對後藤新平來說，此部門的設立是為了將有關日本的調查與研究成果，以及日本的立場，向國外翻譯、出版刊物，有其絕對的必要性。

後藤新平的女婿鶴見祐輔在《後藤新平傳》中，對政治人物原敬有如次令人激賞的分析：

原敬是一位聰明的政治人物，他是以如數學家般的精準確實，著重實際人生而過活的人。由於他位居處境困難的政黨領袖之位，身處錯綜複雜之利害關係及瞬息萬變情勢之間，必須無誤地做出裁示後，毫不猶豫地斷然實行。對其而言，關注之要事是今天，不是明天。他所注視的人生是當下利害與情感之交錯，而非在群星般的世界中所構築的夢想。

把原敬視為一位順應現實的政治家並不正確，他也是一位有夢有理想的政治人物，不過，由於其長年領導組織，在現實政治之中活動，他變得不敢冒險了。原敬在組織內閣時，曾對身邊的人說，他的年紀已經太大，不適合親自出馬從事大變革了。原敬對後藤新平宏觀的構想雖心有同感，但已經力不從心。後藤新平的大型調查機關提案因此而觸礁。

東京市長

後藤新平於大正九年十二月就任東京市長。十一月時，前市長田尻稻次郎因收賄案，為示負責而辭職，其後市議會幾乎全體一致通過推舉後藤新平為市長，暫時雌伏的他，再度使政界喧騰了起來。

後藤新平身旁的人對他以候補首相之尊，屈就東京市長一職，堅決地反對，特別是東京市政府被稱作「伏魔殿」，是利權與黨爭複雜交錯的地方，而且市長的權限被極端地限制著，所以，直至當時為止，有許多大臣級的政治人物都因此無法全身而退，然而，後藤新平卻在這個位子上，一直待到大正十二年四月為止。

後藤新平何以會接受這個職位？這是因為日本所面對的問題都濃縮到東京市的市政當中。東京的市街欠缺規劃，鬆散膨脹，不像是任何一個文明國家的首都。對此，不會有人比曾在台灣及滿洲建設過不劣於歐美的都市的後藤新平，更有深切的感受。然而，東京是政黨間對立情形由來已久的地方；此外，官僚制的矛盾及缺乏效率的情形也相當嚴重。後藤新平就任市長後，在大正十一年五月的手札中記述道：「此為個人一生一度為國之大犧牲，因欲得一窮困之籤，觀運勢如何，東京市長無非到達兼此想望之一端也。」對後藤新平來說，他在東京市政發揮個人長才，就像首相在日本的改造上發揮才能，是具有相同魅力的工作。

後藤新平在市長任內，想做而且非做不可的工作，都蒐羅在他於大正十年五月所發表的〈東京市政綱要〉中，由於市政建設所需經費高達八億日圓，因此，改造東京市的計畫甚為轟動。當時東京市的預算，即使包含市營的電力、電車也僅約一億二、三千萬日圓，而中央政府的預算約十五億日圓之譜，相較於其所需的經費，當可理解是多麼地龐大。當時的人們都為之目瞪口呆，認為後藤新平是不是又在說大話？

其綱要的內容，簡單地說就是進行都市改造。其中包含建立都市計畫之要項，內容有：重要街道之新建、擴充及舖設、地下埋設物及地上建築物類之整理、上下水道之整備、水肥及垃圾處理設施之整備、港灣之改建、河川之整治、公園及廣場之新設及改良、電力與天然氣事業之改良，以及市政府辦公廳舍及公眾集會所之新設等等。有的人批評，從其綱要的清單看來毫無新意。確實如此，為了東京市的改造，具體必要的事項都很清楚，但是想要改造談何容易，其困難度我們應較當時的日本人清楚得多。

後藤新平確信其改造的阻礙為政黨之爭及官僚化，此二者至少是他在殖民台灣時期，即開始持續在對抗的主要敵人，後藤新平大膽運作人事以活化組織，尋求有影響力者強力的支持，並以大型科學的調查來防堵反對者的言論等手段，以尋求突破。

後藤新平在東京首先開始派任受他感召的永田秀次郎（貴族院議員，前內務省警保局局長）、池田宏（內務省社會局局長）、前田多門（內務省參事官、都市計畫局局長）等三人為副市長。在此之前所任用的副市長，一向是在考慮市議會中黨派的因素之下，從資深的參議員中選出。而後藤新平則從其人脈當中，首先任用能力方面有相當評價的人，如果就過去的東京市政觀之，此作為就已經是劃時代的作法了。

為了獲得人材，所準備的薪資也是前所未見的。後藤新把在此之前市長的年俸一萬五千日圓、副市長三人合計二萬五千日圓，大幅調高為市長二萬五千日圓、副市長三人合計三萬七千日圓，而他自己的年俸則全數捐給東京市，如此一來副市長的年俸調升百分之五十，但是整體而言，卻節省了三千日圓。雖然有人將之視為作秀而感不快，但是對有才能的人應不惜花費，是後藤新平一貫的理念。

在人事方面，後藤新平更進行編制調整及大幅人事異動。據說實際退職者超過了三百名。此外，他更提倡市政府要有健全的風範，而新設了市府職員講習所等。身為市長的他重視教育，與在台灣、滿鐵及鐵道院時期的情況是相同的。

在人事方面還有一項令人感興趣的是，他聘請了許多有實力的人為特約顧問。最初聘請了小林丑三郎、一木喜德郎、岡實、美濃部達吉等六名博士為名譽顧問；一木喜德郎原是樞密顧問官，美濃部達吉是帝大教授等有名的人物，不僅如此，小林丑三郎在財政、一木喜德郎在市政制度、岡實在社會政策等領域，個個都是優秀的專家。到了大正十一年九月時，這種特約顧問實際上已達七十五名之多。這些人材的招聘，給予市政府很大的腦力激盪；而在此之前，未予重用的人材，也紛紛到市政府來就職。

這種導入知識份子，以對抗政黨弊端及官僚化的作法，是後藤新平的第二項策略，同時也是導入科學方法的第一步。以此方向，他所提出的作法，最有名的就是市政調查會的創設。

大正十年一月後藤新平就任市長，隨後便打電報給滯美的女婿鶴見祐輔，請他速就美國市政的腐敗，及其導正運動予以調查及彙報。鶴見祐輔便去拜訪此問題的權威——著名歷史學家查爾斯．比爾德，請求指點。比爾德表示，紐約市曾以道義論、感情論從事市政改善運動多年，均無法獲致成果；相對地，以科學的方法調查市政本身，並提供具體的建言，以此立場出發，催生市政調查會，其效果不斷顯現，他更建議鶴見祐輔去訪問該調查會。

鶴見祐輔結束紐約市政調查會的調查後，於大正十年五月返回日本，隨即提出成立東京市政調查會的構想。雖然有資金的問題，不過安田善次郎同意予以全額贊助，安田善次郎雖於九月因恐怖活動過世，然而，三百五十萬日圓還是依照當初的約定捐出。翌年（大正十一年）六月在日比谷公園之一角成立了東京市政調查會。

該調查會設立宗旨書中有如下的敘述，亦即都市發展膨脹是世界共通之現象、現代文明之象徵。都市雖非國家，但國家之中樞神經卻在都市之中，都市之盛衰興亡即是國家之盛衰興亡。然日本實施都市自治政治時日尚淺，尚有許多弊害，「私黨相狎，壟斷市民利益」的情形有之，「拘泥於舊習……拘泥於當前之小事，將都市百年大計閒置」

的情形亦有之，迨至益發嚴重，甚而腐敗，引發刑事事件。除卻此弊害之最佳良方，當以市政本身為科學考察之對象，在此科學知識之基礎上，樹立自治政治，市政調查會之使命即在此。

儘管後藤新平已經如此努力，但是八億日圓的計畫仍無法推動。他的三個策略之中，有兩個已經獲得成功，問題在於剩下的一個需要強有力的人物支持，當時這個人就是原敬。原敬是否給予全面支持，如前所述，是不無疑問的，但是他似乎已向後藤承諾某種程度的支持。不過，原敬在大正十年十一月遭暗殺；繼任的高橋是清內閣（至大正十一年六月），則因政友會內部紛爭不斷，而顯得欲振乏力；其後的加藤友三郎內閣（至大正十二年八月）則因實施緊縮政策，與東京改造計畫無法共存；此外，對後藤新平的計畫表示強烈關注並給予支持的安田善次郎，如前述亦被暗殺身亡。東京改造確實不是東京城市本身就可以解決的問題，國家政策層級的強力支持是有必要的。後藤新平經常為了獲得在其壯闊視野背後，給予支持的強力人物之問題而苦惱，特別是這次，此問題成了他失敗的關鍵。

後藤新平與比爾德

後藤新平在市政調查會開始推動之際，曾聘請比爾德為顧問，廣納雅言。眾所皆知，比爾德可能是二十世紀前半，在美政治學及歷史學兩方面影響最大的人物之一，也是二十世紀前半，世界級智慧與理性的巨人之一。

後藤新平並沒有打算讓比爾德僅埋首在東京市政的研究，毋寧說他是為了喚起國民對都市問題的關心而期待比爾德的活動。他請比爾德到日本全國各地演講，此外，比爾德也提出東京市政的有關建言，導入美國的各種作法，並提出市政調查會工作上的建言等，進行多樣性的活動；並將相關資料都彙整成《東京市政相關意見概要》，其後於美日兩國出版。

比爾德於大正十一年九月抵日，至十二年三月為止，總計停留了六個月，其後到台灣及中國旅行，六月時繞經橫濱返回美國。比爾德依據其在台灣及滿洲的見聞，使他對後藤新平益發尊敬。比爾德四月一日從廣東寄給後藤新平一封書簡，內容敘述如次：「鄙人等行經之處得見閣下之英才，確實，閣下對將來之計畫委實廣大，除遂行該計畫之外，已無任何殘存應行之事。鄙人感受良多者，在於各都市之寬廣街路、公共建築物、市場、公園、醫院、鐵道、學校及自來水等。……尤以閣下於台北設置之中央研究所，於導覽時感受至深。日後，鄙人將於科學研究方面發表關於閣下事業之論文一篇。」

比爾德的言辭決非恭維的客套話，他非常感激有機會讓他到日本及研究日本，首先他退回了所有報酬、贈勳，所有榮譽亦一概不受。因為他認為，日後他回國為日本辯護時，與日本不帶有任何關係比較具有說服力。

事實上，比爾德在美國時就曾表示，依據門羅主義，主張美洲大陸具有優越地位的美國，沒有權利批評日本在滿洲及中國的政策。其後美國總統小羅斯福在太平洋戰爭開始之際，得知日發動了攻擊，便趁機參加世界大戰；比爾德發表了上述的言論後，獲得了極大的回響。今天，羅斯福陰謀論雖已被否定，但至少日本曾經透過後藤新平，獲得過一位欲理解日本行動的優秀知識份子。

比爾德在回美國前，捐贈公債二千日圓給市政調查會，他提議將此做為基金的一部分，以後藤新平子爵紀念獎的名稱，做為徵集教師或學生論文的獎賞。這個提議在受到歡迎及感謝中付諸實現，自不待言。

至於比爾德致後藤新平的書簡最後所述的論文寫作計畫，他於一九二三年在《美國評論精粹》中，以〈日本政治家之研究〉（"Japan's Statesman of Research", American Review of Review, Sept., 1923）為題的短篇論文發表，文中述及後藤新平以科學的調查為背景，推行大膽的政治措施，並予以推崇。

對後藤新平而言，接受歐美文明，並回饋於世界的文明化，是他畢生的課題。不管是衛生局的工作、台灣的事業、滿鐵的活動，即使是在鐵道院其他地方的活動，後藤新平在做這些事的同時，他的念頭無時不關注其上。聽了美國博學之士的褒辭，後藤新平心中必然充塞了深深的滿足。

二 邀請越飛與復興帝都

華盛頓體制的癥結

後藤新平擔任東京市長過了乏善可陳的兩年之後，他突然又開始活動起來。大正十二年初，他邀請越飛到日本，打開日蘇邦交的端緒，接著在關東大地震後未幾，即受任為內務大臣，致力於家園復興工作。大正十二年，可謂後藤新平以政治人物之身，活躍於政壇的最後一年。

首先，先將邀請越飛時的亞洲國際關係背景做一概述。

為因應西方的凡爾塞體制，亞洲太平洋地區從大正十（一九二一）年十一月至翌年二月召開了華盛頓會議，成立了所謂的華盛頓體制；從而，在一次世界大戰前，經常處於孤立狀態的美國取得了主動權。依據九國條約等議定內容，各國認可尊重中國主權、獨立、領土行政完整性、中國之工商業機會均等等內容，另外各國亦認可美國所主張的門户開放、機會均等以及對勢力範圍的否決等。

然而，華盛頓體制有三大弱點：

第一、為了達成列強之間的協調，列強在中國的既得權益基本上仍被保存下來，亦即華盛頓體制是在抑制高漲的中國民族主義之上所成立的。

第二、中國國內所行之步調涉及前述問題，亦極難獲致統一。在南方以孫文為中心的廣東政府，採取不承認華盛頓體制的態度，而另一方北京政府整體來說，擁有壓倒南方政府的勢力，由不安定的軍閥組成。中國是九國條約的簽約國之一，具有相應的權利與義務，然而要貫徹條約的履行，則過於積弱不振且無法統一步調；而南北政府各行其是，很可能使各國間的協調關係瓦解。

第三、華盛頓體制在無視於蘇聯的主張下成立。欲參加會議遭拒的蘇聯倡議反帝國主義，主張廢止與中國有關的帝國主義的權益，並批判華盛頓體制。

以上三個弱點，暗示了在東亞有可能成立另一國際關係，亦即否認帝國主義權益。在此意涵下，於中國、蘇聯及其他各國之間，有成立平等國際關係的可能。依此方向，最初的成果是一九二一年五月中德邦交的恢復。德國在第一次世界大戰成為戰敗國，失去了在中國的利權，與中國締結新的對等關係，有關權益已歸還東亞。華盛頓體制若欲存活下去，針對此一有可能成立的國際關係，就必須指示，中國可在華盛頓體制下發展的事實；因此，列強必須一致給予中國援助。

然而，華盛頓體制與其說列強是為了合作、創造安定的國際新秩序所積極製造的產物，實不如說此體制意圖否定邇來國際關係的現況，在這層意涵下，華盛頓體制是消極的。列強必須有何作為？各國其實心知肚明，然而，各國卻未必清楚彼此合作應該做什麼。老實說，要促進中國統一，在九國條約中是令人懷疑的，不過卻又沒有具體的修正方法。

後藤新平向來重視日、中、蘇三國合作，與英、美協調僅處第二順位。因此，對他來說，與英、美結合成立抑制中、蘇的華盛頓體制，是相當錯亂的作為，就像把德國排除在歐洲國際關係外不自然般，把蘇聯排除在亞洲國際關係之外一樣很不自然。邀請越飛及後續恢復日、蘇邦交的預備交涉等措施，實際上是後藤新平本身，對前述華盛頓體制所做的自發性批判，或者說是反對的主張。

日中蘇合作的構想

當時的日、蘇關係還是和出兵西伯利亞以來的狀況相同，自一九二一年八月起的大連會議及翌年九月起的長春會議均告破裂。這些會議雖然是日本和遠東共和國之間進行的，不過日本在一九二二年九至十月自濱海州及北庫頁島撤兵，蘇聯即將遠東共和國併呑。遠東共和國在日蘇之間有緩衝的作用，其被消滅後，要打破日蘇關係的僵局，肇生了更多變數。

另一方面，中、蘇之間的關係卻有了進展。蘇聯於一九一八年發表契切林宣言，一九一九年七月發表加拉罕宣言，歸還中東鐵路（過去的東清鐵路）的所有權利，並提倡以平等關係建立邦交。此方針雖然是在一九二〇年第二次契切林宣言中讓步的，但是蘇聯在一九二二年夏天派遣越飛到中國，與北京政府進行交涉。而越飛同時也與南方當時陷入困境的孫文接觸，他主要關心的是北京政府，但他也把國民黨未來發展的可能性納入考慮。與北京政府交涉的問題圍繞在中東鐵路的歸還，及蘇聯從外蒙撤軍的條件等，進行得並不順利，不過孫文對越飛的親近表示歡迎，遂於一九二三年一月發表孫文越飛聯合宣言。

此種事態的發展不斷地衝擊著後藤新平。日本要是與英、美協商，以其反作用力，中、蘇間因反帝國主義相互結合的話，日本在滿洲的權益以及以此權益為核心的大陸將如何發展呢？此情勢恰好與後藤新平視為理想的新舊大陸對峙論所主張的內容相反。

不過，另一方面，後藤新平開始發現日、蘇關係有改善的可能性。其一，蘇聯即使倡言歸還舊權益，但是並未輕易地表示將之實現的決心。在第一次契切林宣言中提到的中東鐵路無條件歸還，在第二次宣言中卻被刪除了，圍繞此問題的中、蘇交涉難以為繼，這一點相當重要。其二，蘇聯採行新經濟政策。後藤新平在先前歐美旅行之際，已經認識到蘇聯若「拘泥於共產主義原理」，失敗將不可避免，他預估蘇聯必定會採行一些修正政策。新經濟政策的資本主義要素的導入，對後藤新平來說其意涵在於蘇聯正返回人類的本性，他將此種變化比喻為以尊皇攘夷志士們成就的明治政府，轉往文明開化的方向，而給予高度的評價。

總之，對後藤新平來說，蘇聯想要保持在外的權益，同時國內欲復活資本主義的要素，與前俄國是同樣一個生命力旺盛的有機統一體。他斷言，這樣的蘇聯與之充分合作是有可能的。

從此判斷出發，後藤新平在大正十二年一月將在中國停留的越飛邀請到日本，開始進行為了恢復邦交的私人交涉。他的行為不僅遭受許多恐懼「赤化」的右翼勢力強烈地批判，並且外務省及內務省也非常冷淡，有時甚至予以阻擾。不過，輿論對後藤新平行動卻相當支持，在期望恢復日俄貿易的大阪、神户財經界，及據説高達一萬數千名的北洋漁業相關人士的要求下，外務省也轉變方針開始注意交涉的進行。結果，後藤新平及越飛的會談獲致初步成果，從六月開始便移往外務省做非正式的交涉。

前述後藤新平著手進行的日、蘇邦交恢復工作，是他鑑於輿論希望日、蘇關係正常化，在此意義下他獲取了成功，後世也給他高度的評價。不過，後藤新平的意圖不僅只有化解日、蘇之間的僵局，他更想依賴日、中、蘇三國合作關係，建構取代華盛頓體制的遠東國際新秩序。此一新秩序是他對華盛頓體制的脆弱性及其反作用，將孕釀生成之中、蘇反帝國主義的結合有所認識，而開始推動的。後藤新平從上述二個體制的矛盾與對立，及日本在其間的孤立危機感，構想出第三個體制。此體制認可各國既得的滿洲權益，是一種比較不反帝國主義的日、中、蘇結合方式。要是只阻止中、蘇的結合，而強化與英、美的協調，也不無可能以華盛頓體制內的作法，對中國施加壓力。但是，就如後藤新平描述他自己的方法「絕非舊式權力平衡之物」般，他並沒有想要利用勢力均衡來控制對立局面——華盛頓體制與蘇聯的對立，亦即對日本而言，在中國權益上與蘇聯的對立。後藤新平敘述道：「余不僅不是欲使兩國相互爭奪之人，毋寧謂余致力於主張兩國應幾多相互授受之人。」與所言相反，他是想發現日蘇之間共通的利益。總之，後藤新平並非依勢力均衡來處理國際間的對立，他的方法是想要在新的統合關係中消弭雙方對立的關係。當然其目的仍是在於保有滿洲的權益，但即便如此，當時這已是相當獨特且受人矚目的主張。

日、蘇邦交的恢復，在大正十四年一月實現，距後藤新平邀請越飛來日本已經過兩年，距其將交涉移送外務省亦已一年半，其間事態的發展，以下予以概述。

如前所述，於一九二三（大正十二）年一月孫文、越飛發表聯合聲明之後，同年十一月，孫文決定了連蘇、容共、扶助工農等三大政策。翌年一月，在中國國民黨第一次全國代表大會中，第一次國共合作案通過。北京政府受了廣東與蘇聯關係親近的刺激，也向蘇聯靠近，於三月二十四日發表王正廷加拉罕協定，五月三十一日建立邦交，蘇聯在協定中放棄帝俄時期的在華特權、治外法權及義和團賠償金；而中東鐵路的經營由中、蘇兩國共同決定一事，訂於蘇聯軍隊自外蒙撤退，滿足若干條件後再議。總之，北京和廣東之間相互競爭的結果，蘇聯雖標榜反帝國主義，但仍保留了重要的蘇聯權益，建立了對蘇聯有利的中、蘇關係。

以前述文脈來看，孫文在一九二四年秋訪日時所發表的著名大亞洲主義演説，便帶有重要的意涵。亦即孫文在十一月二十八日於神户演講中表示：立足於仁義道德的東方文化之王道，與主張功利強權的西方文化之霸道相對比。已習得歐美霸道，卻具王道文化本質之日本民族，現正站在選擇要成為西方霸道的爪牙，或東方王道的守護者的叉路上。參照前述的中、蘇關係來看，此演講並非僅是道義上抽象的呼籲，而是號召日本脱離華盛頓體制的訊息。從現實中成立的中、蘇關係來看，此一新體制可與後藤新平的構想相呼應，不過日本仍停留在華盛頓體制的框限內，從回復日、蘇邦交延宕的情形看來，後藤新平主張的日、中、蘇三國合作構想，已錯過實現的時機。

山本內閣與帝都復興

大正十二年八月首相加藤友三郎因病去世，繼任首相的拔舉並不順利。政友會雖在眾議院擁有壓倒性多數議員，然而其內部分裂無法統合；這也是加藤友三郎內閣成立，政友會不得不予以支持的原因。而第二大黨憲政會又積弱不振，像過去那般強勢的無黨派勢力——山縣閥也已經不存在；此際接受敕令成為首相的是山本權兵衛。

山本權兵衛在大正二年曾組織了一任約一年時間的短命但強有力的內閣。由於西門子事件，他不得已交出政權以來，事隔九年又在政壇復活。過去認識山本權兵衛的人都期待他能以有力的作風，打破政黨政治的停滯狀態。事實上，他曾想讓政友會、憲政會、革新俱樂部等三黨的領袖都入閣，並網羅其他首相級的人物，組織成一強而有力的內閣。

不過，為了要把強而有力的成員湊攏在一起，組閣反而滯礙難行。正處於膠著狀態時，九月一日突然發生關東大地震，山本權兵衛即在非常時期組織了內閣，後藤新平擔任第二任內務大臣，除了他以外，陸軍大臣為田中義一，遞信大臣為革新俱樂部的犬養毅，農商務大臣為山縣閥的田健治郎等，一干大人物均包含在內。

在山本權兵衛內閣中的後藤新平，他所要處理的課題當然是東京的復興。九月二日，他從內閣特任儀式返回後，迅即寫下後述四項工作要點：

一、不可遷都。

二、復興經費需三十億日圓。

三、採用歐美最新都市計畫，務期營造與日本相稱的新都。

四、為實施新都市計畫，對地主必須採取堅決的態度。（如過去之地主，對都市改良工程要求依據平衡補正之原則，不願付出犧牲，且收取不當利益等）。

在寫下工作要點的同時，後藤新平發電報給比爾德，要求他立即前來日本，此時比爾德適巧也發來電報，電文敘述：「應決定新街道。街道決定前應禁止建造建築物。鐵路車站應統一。」後藤新平讀後深有同感。

後藤新平的復興計畫內容有：收購所有的焦土、建設又新又寬廣的街道、進行區劃整理等，他以這些作法為中心，採行強烈的復興計畫。他在市長時期，即想推動東京根本大改造卻無法施行，而現在是得以斷然推動的大好機會。以往的八億日圓的計畫，就可直接成為此計畫的基礎加以利用。如以當時的話來說，後藤新平拒斥帝都復舊案，向帝都復興案邁進。

為了復興，後藤新平計劃成立復興省，以為執行的機構，如果不成功，就設立復興院，他自己出任總裁（九月二十九日）。而後藤新平早於九月八日時就說出復興經費需四十億日圓，讓相關人員大吃一驚，不過很快地他便縮減為十億日圓，因此人們批評後藤新平還是老樣子，愛吹牛皮、說大話。不過，他所說的四十億日圓是理想，是他把地方自治體及各省、廳所需的經費都包含在內的數額，並非他做了大幅度的退讓。

結果，政府的復興預算總額為七億日圓，加上火災保險援助費及府、縣公共團體援助費二億日圓、國有建築物及設備修繕費五至六億日圓，全部合計十五至十六億日圓，於數年間分期支出。

不過，十一月二十四日，此預算案送到帝都復興審議會（總裁山本權兵衛）審查時，卻招致計畫過鉅的強烈批判。在此之前與後藤新平過從甚密的伊東巳代治批判：鐵路幹線及道路過寬，舊道路擴張後已足，區劃整理無必要、應尊重地主之所有權等，他的言論控制著會議的走向。伊東巳代治的反對，有此一說，即因他係銀座的大地主之故。確實，如果依後藤新平的提案，落實以公債收購焦土的話，公債便會充斥市面，造成面值下跌，將帶給地主很大的打擊。不過，伊東巳代治不瞭解後藤新平的理想，才是主要的原因。從法律及財政的角度來看，後藤新平的提案當中有許多缺點，但是，在他的提案當中確實有日本應該要有什麼樣的首都，這一願景在其中。另一方面，伊東巳代治還發現了提案的細部缺點及矛盾，此事如以像他這種想要逃避責任的官僚式頭腦來看，他可謂是天才，不過卻是缺乏遠見的作法。而後藤新平也缺乏駁斥伊東的作法並說服他的能力。

復興計畫進而在十二月一日開始召開的臨時院會審查，計畫內容接受了審議會的部分意見，將道路計畫予以縮小，結果復興總金額縮減為五億七千五百萬日圓。然而依據政友會的修正，又刪減了一億六百萬日圓。不但金額減少了，同時將復興院事務費七十萬日圓全額刪除，此一作法具有對後藤新平的整體計畫不信任的意味。

政友會之所以有這樣的態度，原因有二：首先，政友會是一個不重都市，而較重視地方的政黨。他們與在東京既得權益的有力人士強力結合，和伊東巳代治持相同理由，對東京根本的改造並不熱衷。

其二，政友會對後藤新平仍懷有戒心。後藤新平持續數年仍不斷地攻擊政黨政治的弊端，從而政友會想提出消極的普通選舉法案。後藤新平曾經在寺內正毅內閣稱呼憲政會為「不自然的多數」，到了現在山本權兵衛內閣，他也認為政友會是「不自然的多數」，想藉普選打破現況，政友會一直對此恐懼不已。

結果，政府尊重政友會的修正，十二月十八日時決定予以接受。在此之前，後藤新平周圍的人意見分為兩派，一派打算要以解散議會重新改選與政友會對決，在下屆議會提出較完整的提案；另一派則主張為防止復興計畫之延宕，姑且先以政友會案開始推動復興，一個月後再採取一般解散議會及補正預算的措施。在後藤新平周圍強硬派的聲浪甚高，不過他採取柔軟派的意見。其理由係因後藤新平自詡除了他以外，沒有人可以讓復興大業獲得成功。

後藤新平宏大的復興計畫未能全案通過執行，時至今日仍有許多人對此深表惋惜。而他的計畫的規模及地域縮小，變得千瘡百孔時，幸虧計畫的核心部分能得以落實。近年的一項研究當中有如下的總結：「總之，復興事業即在德國所開發的制度上之新方法（城市分區規劃），及美國技術上之新方法（小公園、現代橋樑、土地評估法、柏油）二者之中，巧妙地將以往都市的空間及生活傳統予以導入，留有封建時期江户殘影的東京將蛻變為劃時代的現代都市。」（持田信樹〈後藤新平及震災復興事業〉）後藤新平雖然在政治上受挫，但是他所留下的人材、研究、觀念卻遺留後世，改變了東京。

不過，由於意外事件而使山本權兵衛內閣倒閣，後藤新平終究無法指導復興事業。此意外事件即十二月二十七日難波大助襲擊攝政宮裕仁親王未遂事件，亦即虎門事件，內閣因之於二十九日總辭。山本權兵衛內閣組閣至總辭僅四個月的時間。

三 晚年

政治倫理化

山本權兵衛內閣總辭之後，後藤新平潛沈雌伏了兩年多。其間，護憲三派內閣於大正十三年六月時成立，政黨內閣時代也從此到來。接著大正十四年時，政界長期以來的懸案——普通選舉法案終獲通過，非政黨人士似乎已無法輪流執政了。大正十三年十月後藤新平任東京廣播電台總裁，事關廣播的肇始，但也僅造成了少許的議論而已。

大正十五年，後藤新平首次因腦溢血發作而臥病在床，治癒後便開始致力於政治倫理化運動。同年四月二十日，在青山舉行首次演講會。他在一年之間舉行了一百八十三場演講，人們把他熱衷的行為比擬作英國首相格萊斯頓，雖年逾七十仍以高齡毅然進行密德羅中郡政治運動（Midlothian Campaign）。後藤新平則把自己比作老羅斯福在一九一二年籌組進步黨，向二大政黨挑戰。他的演講會經常座無虛席，他還把最初演講的內容印刷成百餘頁小册子，由於一本才十分錢的低價，發行量竟達一百萬册。

政治倫理化運動的別名是政黨政治革新運動。後藤新平批評政黨政治會陷於多數即萬能之模式的弊端，把政治的基礎置於權力當中。而他主張政治的基礎應置於倫理之中，政治倫理化的名稱即由此而來。以前後藤新平在同志會的時候，他就曾發表對政黨政治的批判或多數政治的批判，直到他成為東京市長，直接面對與東京市政有關激烈的黨爭，他的批評變得更加強烈。

實行多數政治會忽視掉什麼？後藤新平認為是日本和全世界之間的關係。他經常在言談之間說到日本的日本、世界的日本等詞彙，一如往常，他的表達能力欠佳，他想要表達的其實是瞭解日本（日本的日本）、瞭解世界（世界的日本）以及讓世界瞭解日本（日本的世界）。日本為了在世界上勝出，政治的狀態應如何？此一事態依然是後藤新平最關心的。

後藤新平利用政治倫理化運動的成果，組成了普選準備會，共集結了二十五萬名會員。人們都關心此準備會到底會成就何種運動，有人認為這是新政黨的組織，也有人認為是打破政黨的運動，但是結果準備會僅停留在政治教育運動的層面，不知不覺就消失了。後藤新平對此運動並不是沒有野心，不過在此組織運作的時期，後藤新平以個人所能結集出來的力量是非常有限的。

不過，後藤新平的運動確實突顯了日本政黨政治的缺點。此缺點在於日本政黨無法孕育出，具有世界觀視野且能克服多數即萬能之模式的弊害的政治家。普通選舉的實現，並未能讓日本政黨政治作大幅度的改變。即使沒有事先預測這個結果，但許多人已有這種預感，這便是後藤新平的運動當中結集許多人的原因。在此意涵下，後藤新平透視了時代，採納了潛在的輿論需求。不過要將之實現時，後藤新平即顯得太孤立無援。

人材的培育

後藤新平在倫理化運動如火如荼進行之際，曾說：「青年們！跨過自己的屍體向前進！」此外，他的信條是，不管做什麼都需要人。後藤新平已經自覺本身的老邁，他對未來無可限量的人材的培育，傾注了異常的熱情，一般人是可以充分理解的，他的伙伴從左派的大杉榮，到右派的北一輝，尤其對擁有與改造日本有關聯之方策的人，更不惜伸出援手。

從下述正力松太郎的例子來看看當時具體的狀況（《月報》，《後藤新平》第四卷）。正力松太郎是山本內閣的內務省警務部部長，須對虎門事件的疏失負責，予以懲戒免職。後藤新平很同情他，曾經要給他一萬日圓，讓他出去玩個兩三年。正力松太郎謝絕了後藤新平的好意後未幾，接受其友人勸說，欲經營讀賣新聞，他便去拜訪後藤新平談論關於需要資金十萬日圓一事。後藤新平完全沒有聽他的說明便同意資助，要他兩週後來取款，並說經營報紙似乎不易，日後如果失敗就放棄不要戀棧，也不要考慮還錢的問題。後藤新平叮嚀正力松太郎，千萬別洩露資金是他出的，否則日後若有許多人跑來要錢，他將不勝其擾。正力松太郎聽了後問道，萬一洩露出去了該怎麼辦，後藤新平回答他：「你就說後藤新平裝著一副好像要出錢的樣子，但是那傢伙一塊錢都沒有出。」這段對話不過才五分鐘，正力松太郎聽完後瞠目結舌啞然以對。

不過，正力松太郎認為後藤新平是在思考，要以誰的名義來出資比較好？然而，後藤新平死後，其子一藏告訴正力松太郎說，該款是後藤新平以自己的房子的土地作抵押擔保借貸所得的錢，正力松太郎聞言後，在一藏面前感動得泣不成聲。由此可見，後藤新平想要協助年輕人的心意有多麼強烈。

後藤新平貸款的房子在麻布櫻田町，擁有廣達七千坪的地積，不過，因他死後還留有巨額的貸款，便易手他人了。其後，該處成為滿洲國大使館，目前則是中國大使館。後藤新平生前致力於經營滿洲，傾注心力於日中合作，其宅邸的命運如此，也可以說是良好的歸宿吧！

後藤新平的晚年對童軍團的活動涉入甚深，緣起於大正十一年為歡迎英國王子蒞日訪問，舉辦童軍大會之時。當時他是童軍團臨時總裁，很快地便成為其連盟的總長，對相關活動極為熱衷。他卸任東京市長之職時，所獲得的慰勞金十萬日圓全部捐給連盟。童軍團中有一首「後藤總長隆盛之歌」，歌詞如下：「我們喜愛的總長啊／白色鬍鬚配夾鼻眼鏡／身著團服手持拐杖／總是精神飽滿笑呵呵」。看到後藤新平穿著童軍團的短褲制服（他對制服極為偏好），聽到這首歌噙著淚的模樣，可能有人會覺得他又老又醜吧！

的確，後藤新平在此時已經失去動搖現實政治的力量了，他最後把所有的一切都投注在孩子的教育上，或許他是一個政治的失敗者，不過，沒有人有資格嘲笑這樣的後藤新平。

北伐時期的中國

不過，此後的後藤新平曾一度力圖振作，即他在邀請越飛訪日之後約五年的昭和二（一九二七）年十二月，至翌年二月所進行的訪蘇行程。對曾經二度腦溢血發作的後藤新平來說，在嚴冬之際前往蘇聯可說在賭命，他何以下此決心呢？

當時的日蘇關係與後藤新平的期待是相反的，邦交恢復後，雙方關係無較大的進展，漁業條約的改訂及通商條約的締結亦均遲滯不前。蘇聯在大正十五（一九二六）年八月時，暗示雙方可比照德蘇友好中立條約締約，並在昭和二年五月倡議締結互不侵犯條約。不過，日本政府因為累積了許多實務協定未完成——連實務協定都停滯受阻——便不想多此一舉。後藤新平在大正十四年時，曾向首相加藤高明提出開發西伯利亞的構想，以促進日蘇合作，卻沒有得到預期的回應。

昭和二年訪問蘇聯
（前列右起駐俄大使田中都吉、後藤新平、田中清次郎、森孝三，後列右起前田多門、八杉貞利、關根齊一、〔略過一人〕、引地興五郎、佐藤信）

其中一個理由，恐怕是因為在共產國際的指導下，日本共產黨正日益活絡。眾所周知，一九二七年時，日本共產黨幹部數人，自莫斯科攜回共產主義綱領。不過，後藤新平曾經提倡新舊大陸對峙論，主張不僅日、中、俄三國，甚至德國——有時甚至法國——都列入考量，他將拉帕羅條約下德蘇關係緊密化的趨勢，視為俾斯麥路線的復活。對他來說，德蘇日三國合作未能實現，為一大憾事。

然而，日蘇關係緊密化對後藤新平來說，與中國問題的關連，想當然爾，具有另一層更深的意涵。

如前所述，當時在中國，華盛頓體制及其

他體制競相成立，為了讓華盛頓體制仍能繼續存在與之相對抗，列強有必要一致地援助中國。此決定最有利的機會是在一九二五年十月開始召開的北京關稅會議，在此會議中，若調高中國關稅，北京政府在財政上會有顯著之改善。

不過，此會議沒有獲致任何成果便結束了。最大的原因在於日、英、美的企圖不同。例如日本對中國關稅自主權的回復採合作態度，但為免於日本製品競爭力低落，堅持廉價品仍應維持低關稅，幣原喜重郎在其他項目上都採取協調的作法，唯獨在這一點上特別堅持。第二個原因在於北京政府的不安定。北京政府原是由軍閥拼湊出來的，而與廣東政府相對立，正因為如此，支持藉提高關稅以協助北京政權的交涉，便無法獲得多數的支持。結果，關稅會議在一九二六年七月開始無限期延會。依據日英美三國協定，企圖扶植能與三國協調的中國政府之作法，以失敗告終。

不過，北伐第一期時，蘇聯所展現的影響力，反而使國民黨內部更加對立。一九二七年七月，中國共產黨退出國民政府，第一次國共合作結束；十二月，南京政府與蘇聯斷絕邦交。而中蘇關係的惡化不僅限於南方，北京政府曾襲擊及偵查蘇聯大使館及中東鐵路，早在同年的四月，兩國的關係即已惡化。

一九二六年至二七年夏天，由於北伐的成功及中蘇關係惡化，圍繞中國的國際關係是變動的。華盛頓體制陷入僵局，及與之對立的中蘇關係亦陷入僵局；此種情勢至少給了日本三種選擇：第一是再加強與英、美的協調，第二是與中國建立新關係，第三是策動蘇聯。

田中義一內閣選擇了第二個選項。一九二七年十一月蔣介石訪問日本，並在三個月後全權掌握國民黨，且再度北伐。蔣介石此時訪日與田中義一會談，除表明繼續北伐的意志，並表示日本與列強的利權是兩相對立的，要求日本予以援助。雖然出兵山東的計畫受阻，但是田中義一內閣還是意圖以與國民黨右派的關係緊密化為目標，並成功地達成了目標。

最後一次訪蘇

前述會談進行時，田中義一身邊的人向他提起後藤新平訪問蘇聯的計畫。此行直接的目的，不過是為了想解決進展困難的漁業交涉問題。當然，除此之外，在補強了向蔣介石靠攏的作法後，亦考慮藉之調整日蘇關係。不過，後藤新平真正的構想是要實現日蘇合作，其範圍更大得多。田中義一身旁的人並不贊同後藤新平的構想，然而他卻非常主動積極從事。

後藤新平訪問蘇聯之後有何發現呢？第一、針對當時傳言不斷的蘇聯政府內部的權力鬥爭，後藤新平清楚地認識到史達林的勢力。他有如下的文字形容史達林：「首先，在其髣髴故大久保利通公之保守色彩中，看似頗有列寧歿後所行統制共産勞農之風格及勢力。」已失去政權的托洛茨基也被後藤新平對比為西鄉隆盛。他曾將蘇聯的新經濟政策比擬為明治維新，這次更同樣以維新政府的比喻，來看待蘇聯政府。第二、後藤新平對蘇聯以史達林為中心之領導者的熱忱及努力，給予高度的評價。他曾經將老羅斯福的努力奮鬥主義評論為美式武士道。對他來說，史達林政權即是以蘇聯武士道為體而存在的。第三、後藤新平評價史達林政府所重視的，不是「一般的政治理論」，而是「具體的個別行政」。第四、史達林政府的行政置於科學基礎之上。史達林政府的核心所在是國家計畫委員會，該委員會是後藤新平大力主張卻一直未能實現的蘇聯版大調查機關。依據以上觀點，後藤新平認為蘇聯是一個由卓越指導者，以「科學的」方法來領導、發展的強國。

而與前述有重要關聯的是，後藤新平將蘇聯與共產國際做了嚴格的區別。與後藤新平會談時，契切林說，蘇聯未曾在中國宣傳共產主義。魯義可夫亦表示，「赤化宣言」是中國動亂的原因之說，對蘇聯而言是「過於抬舉」了，他以此否定蘇聯有意識型態的影響力。後藤新平對這些說法明白表示，他在某種程度上是相信的。對意識型態所擁有的力量仍持懷疑態度的他來說，蘇聯光就其實力來看，就該評價為一個強國。

在日本與其所謂的強國蘇聯之間，後藤新平想要實現的是共同處理中國問題的建議，亦即雙方對有關中國政策合作的議題。後藤新平的這個想法，在與越飛交涉的時候就已經存在其心中，亦即先前述及的中國北伐後，日本三種選擇中的第三個選項。

一九二八年一月七日，與史達林會談之後的後藤新平表明，東洋的和平須依據日中蘇三國的協商，然可信賴的中國政權仍未存在的現在，「日俄協商宜於無隔閡之諒解下，解決支那問題」，即使其中缺乏具體的策略，後藤新平始終認為日蘇之間，針對中國問題加以協商是非常重要的。如同後藤新平所批判「日本仍為英美政策之追隨者」般，對他而言，此協商是日本從華盛頓體制，亦即對英美協調當中跳脫出來的第一步。他認為日本脫離追隨英美政策的位置，確立獨立的對外政策是有必要的。因之，「與蘇聯握手」才是必要的。

與史達林的會談中，另一個令人感興趣的地方，是後藤新平與史達林相互指責蘇聯及日本對於中國的謬思。後藤新平認為蘇聯的錯誤是「向來過於急功好利」，「赤化運動」即為一例；另一為疏於中國事務之瞭解，他說：「支那之舊文明根深蒂固，新社會運動之成功，誠非易事。」他認為看似成功的事態，其實只是表相，孫文的革命即為實例。此見解與他評價日俄戰爭後之中國民族主義的見解一貫。另一方面，史達林則批評日本「不理解支那社會運動之真相」，他說此「社會運動」基本上是基於民族主義，曾經受不平等條約所苦的日本，應該能理解此一運動的發生。史達林更進而指出美國的柔和政策正在獲取成功，並批評日本出兵西伯利亞的態度。後藤新平對此未正面回答，僅說：「率爾出兵是追隨英美政策之結果」。史達林其後也不想回應後藤新平的批評。於此會談中，後藤新平仍然不同意意識型態的力量，在此點上，兩人意見相乖違而結束會談。不過，雙方的差異如此大，卻能在此次會議上直率地相互批判，使後藤新平從中發現了許多意義。

華盛頓體制陷入僵局後，包含日本在內的列強都在為選擇與列強共同協調，或是與中國單獨協調而煩惱。當時的田中義一內閣打算採取後者的方向，而此時蘇聯在中國的勢力已凋落，在這樣的時刻，後藤新平在中國政策上仍認為日蘇合作是最重要的，此可謂相當獨特的主張，因此，他的主張無法得到多數的支持。一些人恐懼「赤化」而對蘇聯沒有好感，且首先針對陸軍，許多人都對蘇聯這個遠東地區的軍事強國欲加以防備。儘管有這種日蘇間潛在的對立，後藤新平認為，從地理上或歷史上而言，日、蘇合作都應該是日本對外政策的核心，而且是可實現的。在上述意涵下，後藤新平的蘇聯訪問，成為其生涯中最後的實質政治行為，或許是必然的結果。

喪失的可能性

第一次世界大戰後，國際間的外交存有兩種看法，其一是外交已邁入全新的階段，另一則是外交不過立足於國家利益的考量。後藤新平當然屬於後者，對他而言，遠東的變化、美國勢力的延伸及各國的交涉手法，都不過變得較為經濟主義罷了，而且這是後藤新平在明治後期就已經預測到的情勢。

目前並沒有發現後藤新平在此時期特別強調美國的威脅的資料，就連對移民問題，他都是以較冷靜的態度來面對，從而他的日蘇合作或日中蘇合作的主張，則當然未必是以與美國對抗作為直接的目的，不如說，日中蘇合作論是從他歷年來「國際關係不能不常伴隨於地理及歷史」的主張而來。後藤新平認為日本與英美間的協調，並未隨著中蘇關係和諧之後有所進展，亦即華盛頓體制對日本的對外發展無法予以保障。而「日中俄三國關係……使之適切」一事，即「在於令造化自然攝理」。

因此，後藤新平最重視的是與蘇聯之間的關係，而且他認為，蘇聯也是造成日本發展困難的基本原因。終極威脅日本的大陸發展之所在，是第一次加拉罕宣言中所發表的蘇聯對中國的政策，在此種日、蘇對立的關係中，後藤新平想要在其中找到共通的利益及合作的可能性，這也是他在第一次世界大戰前即秉持的交涉手法。接著，他對致使出兵西伯利亞的意識型態的蔑視，終使他轉而朝相反的方向運作。

不過，後藤新平的構想並不能對當時外交政策帶來有力的影響，不論是田中義一內閣，或其後的濱口雄幸內閣，都未採用他的政策。

從日後的歷史來看，應對後藤新平的政策未能實現的意涵，給予何等的評價呢？

昭和四年十一月，後藤新平死後半年，中蘇於北滿洲因中東鐵路回收的相關問題，雙方發生衝突，而蘇聯獲得了壓倒性的勝利。日本陸軍見到蘇聯以軍事強國之姿復活，受到極大的衝擊，並且此時中國亦發出了收回日本在滿洲權益的主張，日本的權益受到上述蘇聯的軍事力量及中國民族主義兩方面的威脅。基於此一認識，昭和六年，關東軍決心發動滿洲事變。日本國民當時對日本在國際上的處境已有危機意識，所以滿洲事變受到日本國民的強力支持。

此後，蘇聯急速地增強其遠東地區的軍備，係由於對日本的活動，心中懷有強烈的不安之故。到了昭和十年，關東軍當時進出華北係針對蘇聯軍備的警戒，意圖在於鞏固滿洲國。

總之，滿洲事變前後以來，日本對外擴張是基於對蘇聯的恐懼。要將未經嚴格檢證的假設放到歷史中，必須非常謹慎，但假使日、蘇之間，具有彼此認可滿洲權益為內容的相互瞭解，或有某個程度相互信賴的關係，或許關東軍就不會引發滿洲事變，就算是引起事變，也不會輕易地獲得輿論的支持。此外，亦可避免滿洲事變後所衍生的嚴重相互恐懼及猜疑，或許亦可阻止日本缺乏謀略的對外擴張。

讀者如依前述思考日、蘇問題時，應會認為後藤新平訪蘇，是基於他敏銳的觀察，發覺日、蘇關係的不安定，為了使之安定所做的嘗試。就如後藤新平在都市的無秩序當中，發現日本文明的缺點，而致力於都市政策的制定，亦如同他在多數即萬能的模式當中，發現日本政黨政治的缺點，而致力於政治倫理化運動；他的訪蘇是具有宏觀視野，充滿想像力的行動。於此，日本國民的態度即使是漠然的，應該也能感受到後藤新平已正確地指示出日本所要面對的課題和所要遵循的方向。因此，後藤新平被評價為外交指導者及國民指導者，而受後人緬懷。隨著後藤新平的逝世，日本國民所失者何其大矣！

結語

昭和四年四月，後藤新平從蘇聯返回日本一年多後去世。終其一生得以首相之尊，行使最高權力的機會終究没有到來。不過這也没有任何值得惋惜之處，因為後藤新平他所留下的功績，是一般總理大臣平均的數倍之多。此外，後藤新平本身也没有想要成為首相的意圖；而且他完全不具備身為一位最高責任者，所應具備的安定性及穩定度。基於同樣的理由，他也不適合擔任外務大臣。

然而，所謂外交指導者所指為何？在討論這個問題前，我們要先瞭解有關外交最基本的問題何在？試將「外交」此一辭彙，以最廣義且最長的時程來思考，最後我們必須面對的是，日本在世界中應居於何種地位、應如何與世界各國來往的問題。日本以首位非西歐國家的身分加入近代國際社會的行列一事，對日本而言，就顯得格外重大。筆者之所以認為，我們絕對不能忽視身為外交指導者之後藤新平的重要性，即著眼於此。

對後藤新平應予留意之處，首在他導入西洋文明的作為。後藤新平把衛生制度、鐵路、都市等大規模的文明設施，引進日本並且建設了台灣及滿洲，這些作為是其他人難望項背的。後藤新平深信日本一旦文明化，武力將超群拔萃，又可積蓄經濟，這樣一來，日本在國際社會上即能居於有利的地位。此外，他也相信，以上述方式使殖民地文明化，即能使日本成為世界文明的一員，而這亦是日本的使命。

為此，後藤新平廣泛地汲取西洋文明。不過，他更大的特色在於，徹底調查需要文明化的社會之歷史和慣習，並在其上下了許多功夫，且因此而籌組與日本一般的組織不同的新組織之作為。總而言之，深信文明普及的重要性，同時遵循生物學原理以期適切地使之文明化，是他成功的要訣。

後藤新平寄望於殖民地的時期，其實是非常明顯的帝國主義意識型態。他說促進滿洲文明化是日本的使命，但是中國人卻難以諒解。後藤新平並未清楚說明，日本為何需要滿洲。大正後期時，石橋湛山及清澤洌冷靜地評估利弊得失之後，首先提出經營滿洲對日本而言是有害無益的主張，以此觀之，後藤新平的想法已經跟不上時代。曾經參與經營滿洲的人，並不完全都和後藤新平持相同的政策，因此，這樣說雖然無法完全說明後藤就任滿鐵總裁的經驗，不過對最早期經營滿洲的人來說，滿洲權益的重要性非常顯而易見，所以他們根本沒有重新深入思考。不過，由於後藤新平一向以文明的普遍性為基準，使他免於偏狹的差別意識及本國中心主義卻也是事實。此外，後藤新平所引進的各種制度，超越了時間和體制，帶來許多利益亦是不容否定的。

後藤新平的這種態度和美國總統老羅斯福有相似之處。老羅斯福也堅信文明的普遍性，他極為果斷地要求美國周邊的國家走向文明化，此外，他對文明的標準，也是超越不同的人種及文化的偏見的（Frank Ninkovich, "Theodore Roosevelt: Civilization as Ideology", *Diplomatic History*, vol. 10, no. 3, summer, 1986）。不過，美國是承繼歐洲文明傳統的大國，要將加勒比海等地區文明化，與後藤新平所遭遇的困難比起來遠遠不及。在此意涵下，後藤新平決不是老羅斯福的縮小版。

福澤諭吉雖主張以西洋文明為目的，但不陷於西洋文明的絕對化；後藤新平的表現和福澤諭吉的主張有相近之處。將福澤諭吉的主張落實於現實世界中的即是後藤新平。後藤新平平生最尊敬的人是福澤諭吉和老羅斯福，可說絕非偶然。

後藤新平的第二項遺產與日本外交有關，他從國際關係對立的契機中注意到統合的契機。乍看之下，後藤新平將世界當作諸民族對立抗爭的場域，他似乎主張要在這場爭鬥中，努力取得最後的霸權。昭和十年代，後藤新平曾以此點，卓越地指導日本外交；人們經常緬懷他這一時期的表現。不過，實際上後藤新平主張的是日中合作，及日俄（日蘇）合作，而非權力平衡。因此，在此意涵下，把松崗洋右的三國同盟以及日蘇中立條約，看成是後藤新平新舊大陸對峙論的新版是錯誤的。

此外，後藤新平在對外發展方面認為，須為目標地區及周邊國家帶來利益，以此為方法加以組織，唯有如此才可能成功地對外發展。對他來說，以滿洲為中心的滿洲經營模式，對世界的文明化有所貢獻，也為清廷、俄國及目標地區滿洲帶來利益，並藉此將這些國家與日本結合起來，即能使日本對外發展順利。像這樣，從乍看之下是對立的關係中發現共通的利益，並藉著將其組織規劃，揚棄對立的關係，締造新的統合關係。這樣的構想，可稱之為統合主義的國際關係觀，後藤新平此對外發展論實在非常獨特。

當然，這些主張亦有應加批判之處。以當時的狀況來看，日本和清廷或中國即使要合作，也不可能居於對等的關係。依不同的觀點來看，後藤新平的對外發展論，或許算是一種非常巧妙、狡猾，又惡毒的主張。

姑且不論此說法，至少後藤新平統合主義的國際觀，在日本近代外交史上具有相當重要的意義。

所有的國際關係當中，經常都包含有對立的一面和統合的一面。由於近代日本曾受外邦勢力威脅，是對立的一面。明治前期及中期的外交指導者，認為朝鮮半島是清廷或俄國頂著日本的利刃，因而恐懼異常；西伯利亞鐵路對他們而言，則是俄國伸向遠東的凶器。甚至明治末期時，在日俄合作關係下，邁入各自經營南北滿洲的年代，山縣有朋仍然害怕俄國會強化其軍事基礎，並恐懼日俄接觸日增後，衝突的可能性會隨之提高。

若特別注意這種國際關係對立的一面，就會設法在對立的關係發展成不利的狀況前，採取一些措施，而產生所謂的防衛主義的積極主義。說得誇張一點，對朝鮮半島的恐懼爆發了甲午戰爭，對西伯利亞鐵路的恐懼爆發了日俄戰爭，而山縣有朋的恐懼衍生出增設二個師團的問題。大致說來，防備對立的惡化，及採取常勝不敗的體制不能說是壞事，但是在無條件生存的可能性（由美國經濟學家 Kenneth Ewart Boulding 提出）因為運輸技術的發展和武器的發達而消滅的階段，仍想防備所有可能的對立，建立絕對不敗的國防圈，可說是相當莽撞的行為。不論是中國的民族主義、蘇聯的軍事力，或美國的經濟力，皆是不受他力威脅的體制，不可能防備得了，採取此種摸索的策略，自然不免於悲慘的結局。

外務省和軍方無異，也從對立的一面來看待國際間的關係。日本近代外交著墨較多的部分，在於權益的獲得、強化、維護，以及勢力的均衡，這即是基於為了防備任何可能的對立而與他國合作的想法。而其中彼此對立的關係依然是對立的，換句話說，軍方和外務省都把國際關係當作「零和遊戲」，即以一方的利益就是另一方的損失這樣的方式看待國際關係。即使想要抑制對立關係，卻缺少將之轉化為其他關係的巧思。

想必讀者已從以上的敘述，了解到後藤新平有多獨特。後藤新平想在含括許多對立關係的國際關係中，發現統合的一面，即雙方共同的利益，從而以之為主，依據實際相關事業，在當事者雙方之間建構利益的紐帶，繼之揚棄對立關係，締造新的統合關係，即是將國際關係處理成「正和遊戲」。外交指導者後藤新平令同時代的人印象深刻，恐怕就是因為此統合主義的國際關係觀。

目前，日本經濟蓬勃發展的結果，與世界各國締結緊密的關係，卻反而因各種制度及文化的差異而產生了極大的磨擦。「第三次開國」一詞，就是日本擔憂若不再度完成大幅度的變革，將被國際社會孤立的情況下所產生的語彙。不經改造，日本就無法在世界上得到應有的地位——以這一點來看，後藤新平面臨過的問題還未成為歷史。

現在日本的對外關係，經常處於對立與統合互不妥協的狀況。最大的對立——戰爭，及彼此互蒙其利——貿易，這兩個矛盾的詞彙所結合成的貿易戰爭一詞，恰好就是對立與統合此一現況的象徵。該如何控制對立的要素及如何突顯統合的要素？後藤新平當時所面對的問題，非但沒有消失，反而愈來愈嚴重。對上述兩個問題，後藤新平所提出的卓見，在當前日本外交根本的考量上仍深具意義。

後記

一九八一年至八三年，我在普林斯頓大學的時候，令我印象深刻的其中一件事是，美國大學教育的教科書及參考書內容實在非常豐富。舉例來說，在羅伯特・戴利克著《小羅斯福與美國外交政策》（Robert Dallek, *Franklin D. Roosevelt and American Foreign Policy*, 1932-1945, Oxford: Oxford University Press, 1979）一書的開頭之處，作者敘述該書有兩個目的：首先，將小羅斯福的所有對外政策集結成一冊，提供給讀者；其次，嘗試重新探討小羅斯福的外交作為中許多有趣的問題。這本書令我感到驚訝之處在於，它以一般讀者，例如讓大學程度的學生閱讀為前提，但對第一級的研究人員來說，也完全無損其學術品質。過去的我，一心只想寫些只有專門研究人員或專家才瞭解的書，如今想來真是汗顏。

中央公論社平林孝先生，希望我以一些舊論文為根據，寫一本有關後藤新平的新書，當時浮現在我腦海的就是上述這件事。由於篇幅的關係，本來就無法比照前述戴利克的書來寫作。但是不管是本書，或是本人較早出版的前著《清澤洌——對日美關係的洞察》，我在寫作時，心中所想的就是戴利克所說的那句話。

這本書的原稿是〈外交指導者——後藤新平〉（收錄於近代日本研究會編《近代日本與東亞》，一九八〇年，山川出版社）這篇論文。或許有讀者已發覺，其標題是模仿清澤洌著《外交政治家——大久保利通》（一九四二年，中央公論社）及亞瑟・林克著《外交家——威爾遜》（Arthur N. Link, *Wilson the Diplomatist*, Baltimore: The Johns Hopkins University Press, 1957）二本名著而來。當年寫那篇論文時，筆者並沒有打算寫有關清澤洌的書，也沒有認真思考過關於威爾遜這個人。不過後來寫了有關清澤洌的書，接著又完成了這本書；此刻想來，幾年前之所以會以那樣的標題評論後藤新平，實在是相當意味深長的偶然。

何以如此？乍看之下，清澤洌及後藤新平是兩個完全不同類型的人。後藤新平可說是日本膨脹主義乃至大日本主義的象徵人物；相對地，清澤洌則是小日本主義的代表。後藤新平是參與實際權力政治的政治人物；相對地，清澤洌是評論家兼學者。不過這兩個人卻有關鍵性重要相通之處，即他們兩人皆把外國，或者日本在對外政策上必須面對的對象，視為活生生的人所構成的社會而非將之視為事物。他們在面對國際環境時，也都將之視為社會性的環境，而非物理性的環境。這是如此迴異的兩個人引起我注意的理由，也是他們兩個人在日本的外交史上佔有獨特地位的原因。

而且不管是後藤新平。還是清澤洌，都認為圍繞著日本的美國、中國、蘇聯（俄國），各具特色，他們都以相互影響的系統來看待這三個國家。其中又以依據獨特的理念而成立且開始向世界發號施令的美國最為重要，而威爾遜即其代表人物。一般人絕不會認為後藤新平在對外政策上與美國關係匪淺，但是筆者卻想藉由本書內容，讓讀者了解其實他曾經與美國緊密地結合。日本在美國、中國及蘇聯三大國的夾縫中求生存，至今仍是日本外交的宿命。筆者記錄了兩個不同個性的人如何面對此宿命，希望讀者能一併閱讀前著《清澤洌——對日美關係的洞察》。

本書付梓之際，一如往常般受到許多人多方關照，特別是審校原稿的御廚貴先生（東京都立大學）及林由美小姐（東京外國語大學）、從都市計畫的立場惠予指導的越澤明先生（神奈川縣政府），以及不辭編輯之勞的平林孝先生，和最後階段完成最終編輯工作的早川幸彥先生。對彼等之協助，謹致衷心之謝忱。

後藤新平年譜

日本曆	西曆	月	後藤新平相關紀要	日本及國際大事紀要
安政四年	一八五七	六	生於陸中國膽澤郡鹽釜村（今岩手縣水澤市）	
慶應三年	一八六七	二	任留守家内院侍童	
明治元年	一八六八	一		鳥羽・伏見之戰（戊辰戰爭開始）
		九		降伏仙台藩
明治二年	一八六九	二	留守家被削封，於當地務農成為平民	
		九	成為膽澤縣大參事安場一平的學生	
明治四年	一八七一	二	至東京成為莊村省三的學生	
		七		廢藩置縣

明治五年	一八七二	一	返鄉	
明治六年	一八七三	五	入福島第一洋學校就讀	
		十		西鄉隆盛、板垣退助等因征韓論失敗下野
明治七年	一八七四	二	轉學至須賀川醫校	
明治八年	一八七五	七	福島縣醫院六等生、學生宿舍副舍長	
明治九年	一八七六	三	任學生宿舍內外舍舍長	
		八	任愛知縣醫院三等醫	
明治十年	一八七七	二		西南戰爭爆發（至一八七七年九月）
		九	任大阪陸軍臨時醫院受雇醫師取得內務省醫師開業執照	
		十一	任名古屋鎮台醫院受雇醫師	
明治十一年	一八七八	三	返回愛知縣醫院	
		十	向愛知縣縣令安場一平提出有關健康警察醫官的建議	
		十二	向衛生局局長長與專齋提出有關衛生警察的建議	

明治十二年	一八七九	十二	代理愛知縣醫院院長兼醫校校長	
明治十三年	一八八〇	五	代理愛知縣醫院院長兼醫校校長	
明治十四年	一八八一	十	任愛知縣醫校校長兼愛知醫院院長	明治十四年政變
明治十五年	一八八二	二	由長與專齋招聘擔任內務省衛生局一職	
		四	在歧阜治療遇難的板垣退助	
明治十六年	一八八三	一	任內務省御用掛衛生局照調係次長	
		九	與安場保和的次女和子結婚	
		十	與錦織剛清相識，開始涉入相馬事件	
明治十八年	一八八五	十二		日本設立內閣制
明治二十二年	一八八九	二		日本頒布憲法
		八	出版《國家衛生原理》	
明治二十三年	一八九〇	四	私費赴德國留學	

		七		第一次眾議院大選
		十二		第一次帝國議會開議
明治二十五年	一八九二	六	返國	
		十一	任內務省衛生局局長	
明治二十六年	一八九三	十一	因相馬事件遭拘捕、收押	
		十二	遭免職	
明治二十七年	一八九四	五	保釋出獄	
		八		甲午戰爭爆發
		十二	被判無罪	
明治二十八年	一八九五	四	任臨時陸軍檢疫部事務官長	
		九	任內務省衛生局局長	
		十一	向伊藤博文等人提出有關台灣鴉片問題的意見書	
明治二十九年	一八九六	四	任台灣總督府衛生顧問	
		六	隨新任台灣總督桂太郎赴台灣	
明治三十一年	一八九八	三	任台灣總督府民政局局長	

		四		美西戰爭爆發
		六	任台灣總督府民政長官	
明治三十二年	一八九九	九		美國務卿約翰・希斯提議中國門户開放
明治三十三年	一九〇〇	一－五		義和團事件蔓延至華北
		四	出差至廈門	
		七		美國務卿約翰・希斯發出第二次門户開放通牒
		八	廈門事件	
明治三十五年	一九〇二	一		日、英同盟成立
		六－十二	出差至歐美各國	
明治三十六年	一九〇三	十一	敕選為貴族院議員	
明治三十七年	一九〇四	二		日俄戰爭爆發
明治三十八年	一九〇五	八		召開普茲茅斯會議
		九	至滿洲訪問兒玉源太郎	簽訂普茲茅斯條約
明治三十九年	一九〇六	四	佐久間左馬太任台灣總督，受其請託留任民政長官之職受封為男爵	

		五		內閣及元老等召開有關滿洲問題的協議會
		六	受邀擔任滿鐵總裁	
		七	因兒玉源太郎猝死，決定就任滿鐵總裁	
		十一	滿鐵成立，就任總裁	
明治四十年	一九〇七	四	滿鐵開始營業	
		五－六	謁見清帝、西太后與袁世凱會談	
		六		日法協商
		七		第一次日俄協商
		九	在嚴島與伊藤博文會談	
明治四十一年	一九〇八	四－六	訪問莫斯科	
		七	第二次桂太郎內閣成立，就任遞信大臣（至一九一一年八月）	
		十一	與唐紹儀會談	羅脫・高平協定
		十二	兼任鐵道院總裁（至一九一一年八月）	

明治四十二年	一九〇九	八—九		日本與清廷簽訂有關滿洲五個問題的協約
		十		伊藤博文於哈爾濱遭暗殺
		十二		美國提議滿洲鐵路中立化
明治四十三年	一九一〇	六	兼任拓殖局副總裁（至一九一一年五月）	
		七		第二次日俄協商
		八		日本併吞韓國
		十一		英、美、法、德四國對清廷借款團成立
明治四十四年	一九一一	八	擔任日俄協會副會長（會長是寺內正毅）	第二次西園寺內閣成立
		十		辛亥革命
		十一		完成滿洲與朝鮮間的直行鐵路
明治四十五年（大正元年）	一九一二	二		清朝覆滅
		六		日、俄加入四國借款團成為六國借款團

		七		第三次日俄協商
		七－八	與桂太郎同行訪問莫斯科，中途返回日本	
		十二		第二次西園寺內閣倒閣，發起擁護憲政運動
			第三次桂太郎內閣成立，任遞信大臣兼鐵道院及拓殖局總裁	
大正二年	一九一三	一		桂太郎發表組織新政黨
		二		桂太桂內閣倒閣，第一次山本權兵衛內閣成立
		三		美國退出六國借款團
		十	桂太郎去世，脫離桂太郎成立的新黨	
		十二		立憲同志會舉行政黨成立儀式
大正三年	一九一四	一		日本開始追查西門子事件
		三		山本權兵衛內閣總辭
		四		第二次大隈重信內閣

		六	為設立東洋銀行奔走	
		七－八		第一次世界大戰開始，日本參戰
大正四年	一九一五	一		對華二十一條交涉開始（至五月）
		三		第十二次議會改選時同志會等大隈重信內閣執政黨大勝
		七－八		大隈重信內閣因大浦兼武內相問題總辭，內閣改造後部分閣員予以留任
		十		日、英、俄三國勸告袁世凱帝政延期
大正五年	一九一六	三		大隈重信內閣會議決議打倒袁世凱
		七－八		大隈重信及寺內正毅間之政權授受問題交涉
		十	寺內正毅內閣成立，任內務大臣兼鐵道院總裁	同志會等三黨結成憲政會
大正六年	一九一七	一	為解散眾議院及打倒憲政會奔走	內閣會議提出轉換中國政策

		四		美國向德國宣戰
		六	臨時外交調查委員會成立，成為委員	
		七		段祺瑞內閣成立，寺內正毅內閣會議決定援段政策
		八		中國向德國宣戰
		十一		美日簽訂蘭辛石井協定 俄國十月革命爆發
大正七年	一九一八	一		美國威爾遜總統發表十四點和平原則
		三		德俄締結布列斯特—立陶夫斯克合約
		四	夫人和子去世 任外務大臣	
		八		出兵西伯利亞，引起美國騷動
		九		原敬內閣成立
		十		第一次世界大戰結束
大正八年	一九一九	二	任拓殖大學校長	

		三	赴歐美視察（至一九一九年十一月）	
		六		德國與美法義俄簽訂凡爾塞條約
大正九年	一九二〇	二	擔任日俄協會會長	
		六	和首相原敬協議有關設立大型調查機關	
		十二	任東京市市長（至一九二三年四月）	
大正十年	一九二一	四	提出八億日圓計畫	
		九		安田善次郎遭暗殺
		十一		首相原敬遭暗殺，高橋是清內閣成立 華盛頓會議召開（至翌年二月）
大正十一年	一九二二	六	任東京童軍團團長，未幾又任童軍團日本聯盟總裁（日後為總長）	高橋是清內閣倒閣，加藤友三郎內閣成立
		九	邀請比爾德至日本受封為子爵	
		十二		蘇維埃聯邦發表成立宣言

大正十二年	一九二三	一	邀請越飛至日本	
		八		加藤友三郎去世
		九	第二次山本權兵衛內閣成立，任內務大臣兼帝都復興院總裁	關東大地震
大正十三年	一九二四	一		清浦奎吾內閣成立，發起第二次護憲運動 中國第一次國共合作
		五		美國通過排日移民法
		六		加藤高明內閣成立，進入政黨內閣時代
		十	任東京廣播電台總裁	
		十一		孫文至神户發表大亞洲主義演説
大正十四年	一九二五	一		簽訂日、蘇基本條約（邦交恢復）
		三		通過男子普通選舉法
		七	從芝愛宕山廣播電台播放開台問候 向首相加藤高明提出遠東開發的構想	

		十		召開北京關稅會議
大正十五年（昭和元年）	一九二六	一		若槻禮次郎內閣成立
		二	因腦溢血發作病倒	
		四	開始推動政治倫理化運動	
		七		蔣介石開始北伐
昭和二年	一九二七	四		田中義一內閣成立
		八	第二次腦溢血發作	
		十二	訪問蘇聯（至一九二八年二月）	
昭和三年	一九二八	二		日本舉行第一次普通選舉
		六		張作霖遭炸死事件
				中國國民革命軍進入北京，完成北伐
		十一	受封為伯爵	
昭和四年	一九二九	四	去世	

後藤新平傳 ／ 北岡伸一著；魏建雄譯.
-- 初版. -- 臺北市 ： 臺灣商務,
2005[民 94]
面 ； 公分. --（J 人物誌）

ISBN 957-05-1940-1(平裝)

1. 後藤新平 - 傳記

783.18 93024400

J 人物誌

後藤新平傳

作　　者　北岡伸一
譯　　者　魏建雄
責任編輯　曾維貞
美術設計　吳郁婷
發 行 人　王學哲
出 版 者
印 刷 所　臺灣商務印書館股份有限公司
地址：臺北市 10036 重慶南路 1 段 37 號
電話：(02)23116118 · 23115538
傳眞：(02)23710274 · 23701091
讀者服務專線：0800056196
郵政劃撥：0000165 — 1 號
E-mail：cptw@ms12.hinet.net
網址：www.cptw.com.tw
出版事業登記證：局版北市業字第 993 號

初版一刷　2005 年 4 月

定價新臺幣 280 元
ISBN　957-05-1940-1（平裝）／ 24012000